Ich möchte dieses Buch Michael widmen,
mit dem ich Freuden und Sorgen
um das Federvieh so
viele Jahre geteilt habe.

Foto: M. Schenk

Ute Rhein

INHALT

Vorwort

Vor gut 7 Jahren stand ich nach einem Spontankauf von 2 Entenküken und 2 Gösseln auf dem Wochenmarkt plötzlich vor der Frage, was diese Tiere eigentlich fressen und sonst noch brauchen. Wer dann aber nach Literatur zur Geflügelhaltung sucht, findet zwar viel über Intensivhaltung, doch wenig, was dem hilfreich ist, der dem Federvieh ein artgerechtes Leben ermöglichen will.

Der Büchermarkt ist überschwemmt von Fachliteratur über biologischen und konventionellen Gartenbau, es gibt Vogelbücher und Bücher zu Schafhaltung und Schafzucht. Auch die Bienenhalter können sich nicht beklagen. Doch Geflügel kann — der Literatur nach — nur intensiv gehalten werden. Die Bücher, die für eine artgerechte Haltung und Zucht des Geflügels nützlich sind , stammen in der Mehrzahl aus der Vorkriegszeit und sind nur noch antiquarisch zu erhalten, beziehungsweise in den Bibliotheken zu finden.

Im Laufe der Jahre sammelte ich Informationen aus Büchern, sprach mit professionellen Geflügelhaltern und meinen Nachbarn und — last not least — machte eigene Erfahrungen. Diese Erfahrungen und das fast vergessene Wissen und die vielfältigen Tips und Hinweise aus der Zeit, in der mit geringen Mitteln und viel Mühe Geflügelhaltung und Geflügelzucht einen Beitrag zum Überleben leisteten, möchte ich hier weitergeben. Mein Anliegen ist die Beschreibung einer tiergerechten, einer artgerechten Geflügelhaltung, das heißt, daß alle Ausführungen die Bedürfnisse, Eigenarten und Lebensgewohnheiten der jeweiligen Tierarten zu berücksichtigen versuchen. Erläuterungen zu Methoden, die diesen Bedürfnissen entgegenstehen, wie z. B. Beschreibungen von Mastmöglichkeiten oder Techniken der Kunstbrut fehlen.

Eine artgerechte Haltung geht davon aus, daß es sich bei den Tieren um Lebewesen und nicht um Sachen handelt. Tiere sind unter für sie natürlichen Lebensbedingungen fähig, selbständig zu überleben und werden in der Haustierhaltung durch einschränkende Maßnahmen des Menschen daran gehindert. Artgerechte Haltung bedeutet hier ein Versuch der Annäherung an das natürliche Umfeld der Tiere, ohne dabei den wirtschaftlichen Nutzen aus den Augen zu verlieren.

Geschrieben habe ich dieses Buch in erster Linie für die Menschen, die noch keine oder nur geringe Kenntnisse über Geflügelhaltung haben — und besonders für die, die vielleicht gerade erst von der Stadt aufs Land gezogen und zunächst auf ein wenig Theorie angewiesen sind.

Fast alle diese neuen Landbewohner — auf der Suche nach Alternativen zur Entfremdung und Hektik der Stadt — sind, insbesondere im Gemüsegarten, sehr engagiert. Der Anbau von Nahrungsmitteln im eigenen Garten ist für sie ein Weg zu einem besseren, selbstbestimmteren Leben. Dabei wird die Haltung von Tieren zwar hin und wieder in Erwägung gezogen, doch in den seltensten Fällen realisiert. Ein Hund und eine Katze werden schon einmal angeschafft. Doch von Hühnern, ein paar Enten und Gänsen oder gar Puten wird zwar oft geträumt, aber anscheinend spricht immer irgendetwas dagegen.

So werden also weiter die Eier im Supermarkt gekauft und die Ablehnung der Lebensbedingungen der Hennen, die diese Eier legen müssen, nach wie vor nur durch Unterschrift beim Infostand des Tierschutzvereins bekundet. Manch einer mag das Glück haben, von den Hennen der Nachbarn tatsächlich frische Eier aus artgerechter Haltung zu bekommen. Aber die Weihnachtsgans oder der Sonntagshahn stammt dann doch wieder aus der Kühltruhe des Supermarkts.

Das Streben nach mehr Ursprünglichkeit, die Sehnsucht nach naturnahem Leben umfaßt auch den Wunsch nach Wiederannäherung an den Kreislauf aller Dinge und Erscheinungen, dem sich die Menschen zunehmend entzogen haben — also der Wunsch nach einem ausgewogenen System von Flora und Fauna, wie es z. B. von Bill Mollison als Permakultur beschrieben und praktiziert wird. Der Kreislauf ist auch dann nicht geschlossen, wenn etwa der Dünger (Mist) vom Nachbarn besorgt oder gekauft werden muß und der Mist der Tiere, deren Produkte verbraucht werden, nicht dem Land zurückgegeben wird. Der Kauf von Fleisch und anderen tierischen Produkten, die keinerlei Beziehung zu dem Stück Land, auf dem ich lebe, und zu mir selbst haben, läuft sicherlich diesem System zuwider. Denn sein Grundprinzip ist die weitgehende Selbstregulierung von Pflanzen und Tieren, die in sehr unterschiedlicher Art und Weise miteinander in Beziehung stehen, sich wechselseitig beeinflussen und benötigen.

Dieser Anspruch mag für viele zu hoch gegriffen erscheinen, aber ich meine, daß der Versuch der Annäherung an solch ein System nicht aus den Augen verloren werden sollte — auch wenn die Schritte nur klein sind.

Ebenso kann die ständige Konfrontation mit den Lebensgewohnheiten der Tiere, mit ihren Verhaltensweisen und Eigenarten, zu neuen Einstellungen zu allem Lebendigen und damit letztlich auch zu uns selbst beitragen. Die Fähigkeit des „Genießen-Könnens", des „Sich-Ruhe-Gönnens", der Eigenverantwortlichkeit und Selbständigkeit, die vielleicht jeder schon einmal bei einer Katze bewundert hat, sind bei vielen Menschen heute nicht mehr oder nur noch in geringem Umfang vorhanden.

Wer sich entschieden hat, Geflügel zu halten, wird sehr bald merken, wie gut das Gefühl ist, morgens ein Ei essen zu können, das noch warm vom Huhn in den Kochtopf kam, wird feststellen, wie gut doch ein Hahn schmecken kann oder den Unterschied zwischen einer tiefgefrorenen Mastgans und der Weidegans kennenlernen. Die Qualität und Frische der Ernährung verbessert sich — bei gleichzeitig sinkenden Ausgaben.

Wer miterlebt hat, wie die Tiere, die gegessen werden, wachsen, wer sie selbst geschlachtet und gerupft hat, wird bewußter essen lernen und nicht mehr schlingen, ohne zu bemerken, was auf dem Teller ist.

So wird das „Sich-Verantwortlich-Fühlen" mit all den damit verbundenen Arbeiten zu einem Schritt auf dem Weg zur Autarkie. Auch steckt vielleicht die Lebensfreude der Tiere selbst ein bißchen an. Deshalb frage ich jeden, der ein Stückchen Wiese und die nötige Zeit zur Verfügung hat: Warum eigentlich kein Federvieh?

Ich will Federvieh halten

Was bringt mich dazu, trotz der damit verbundenen Arbeit und Verpflichtungen, Geflügel zu halten? In einer Zeit, in der es Eier und Brathahn zu Billigstpreisen im Supermarkt gibt, ist das für viele nur schwer verständlich.
Doch für mich - und ich stehe damit wohl nicht alleine - gibt es gute Gründe, die Mühen auf mich zu nehmen.

Zunächst gibt es einen Nutzwert, der sich nicht in Geld ausdrücken läßt, der vielleicht aber auch nur von denen nachempfunden werden kann, die selbst schon eine Weile mit dem Federvieh leben. Der Ausdruck von Lebensfreude, den Tiere vermitteln können, ihre Verflochtenheit mit den natürlichen Lebensbedingungen und ihre beneidenswerte Unabhängigkeit von den Dingen, von denen wir uns so sehr abhängig gemacht haben und die uns doch so wenig weiterbringen.

Doch auch der materielle, der ,,eigentliche" Nutzen der Geflügelhaltung darf nicht unterschätzt werden. Frische Eier, Mist als Dünger für den biologischen Garten, Fleisch und Federn als Schlachtprodukte können für den eigenen Gebrauch und auch als Verkaufsartikel finanziellen Nutzen bringen. Dabei sollte nicht von den Supermarkt-Ramschpreisen ausgegangen werden. Die Produkte der artgerechten Haltung unterscheiden sich in der Qualität erheblich von denen der Intensivhaltung, daher ist auch ihr finanzieller Wert höher anzusetzen.

Aber ich möchte hier auch daran erinnern, daß gerade der ideelle Wert der Tierhaltung uns daran hindern kann, den materiellen Nutzen auszuschöpfen. Es ist nicht einfach, ein Gleichgewicht zu finden, zwischen Nähe zum Tier und Distanz, die es ermöglicht, auch schlachten zu können. Und wer Jungtiere aufzieht, oder auch wer nur 10 Hühner — der Eier wegen — hält, wird nicht um das Schlachten herum kommen.

Wer sich entschlossen hat, Geflügel zu halten, sollte sich fragen, ob er auch die dafür nötigen Voraussetzungen erfüllen kann. Die Entscheidung, ob Geflügel gehalten werden kann, muß neben dem vorhandenen Platz vor allem von der verfügbaren Zeit und Arbeitsenergie abhängig gemacht werden.

Sicherlich gibt es gute Gründe, keine Tiere zu halten. Wer sehr oft und sehr lange verreist, also nicht sicher dauerhaft anwesend ist, sollte sich auch keine Tiere anschaffen. Es sei denn, daß ein paar zuverlässige Mitbewohner oder Nachbarn sich zur Mithilfe bereiterklären. Das heißt aber nun nicht, daß, wer Federvieh hält, nie mehr wegfahren darf, nicht einmal übers Wochenende. Bei gut überlegter Organisation können Gänse, Enten, Hühner oder Puten durchaus auch mal eine Woche allein gelassen werden, wenn ausreichend Futter und Wasser zur Verfügung stehen. Sie fressen nämlich das Futter für 7 Tage nicht in 3 Tagen auf und hungern dann, sondern sie fressen eben nur soviel, wie sie wirklich brauchen.

Ute Rhein

Wer allerdings nicht nur Tiere halten, sondern auch züchten will, sollte sich darüber klar sein, daß der größte Arbeitsanfall in die Zeit von Frühling und Sommer fällt und eine Reise dann sicher nicht angebracht ist. Aber der Arbeitsaufwand, der früher nicht selten zum Aufgeben von Tierhaltung oder Gartenarbeit führte, ist heute eher ein Ausgleich zu Monotonie und mangelnder Selbstbestimmung in anderen Bereichen. Ich selbst empfinde die Arbeit und die Zeit, die ich für die Haltung der Tiere aufbringe, nicht als Belastung oder neu geschaffene Abhängigkeit, sondern einfach als einen Teil des Landlebens, der in meinem Leben eine große Bedeutung hat.

Puten, Hühner, Enten und Gänse haben ganz bestimmte, zum Teil recht unterschiedliche Ansprüche an ihren Lebensraum. Dies sollte bei der Überlegung, sie zu halten und zu züchten, berücksichtigt werden. Ablesbar sind die Ansprüche an der Lebensweise ihrer frei lebenden Artgenossen.

Puten und Hühner lebten und leben in großen Wäldern im Unterholz und schlafen möglichst hoch in den Bäumen, wo sie nachts vor ihren Feinden geschützt sind. Sie brüten am Boden, suchen dort ihre Nahrung: Würmer und Larven, die durch Scharren hervorgeholt werden, aber auch Gras und Samen. Übertragen auf die Haustierhaltung erfordert das für Puten und Hühner einen Auslauf mit Büschen und Bäumen, die Schutz bieten vor Sonne, Wind, Regen und Gefahren aus der Luft (Weihe, Habicht) und vom Boden (Marder u. a.). Dazu brauchen sie einen Stall, der so geräumig ist, daß er unterteilt werden kann in eine Schlafecke mit Sitzstangen, eine Legenestecke und einen Scharr-Raum, der bei schlechtem Wetter Ersatz für den freien Auslauf bietet.

Wie Enten und Gänse in Freiheit leben, weiß sicherlich jeder, und obgleich bei den einzelnen Rassen Unterschiede bestehen, läßt sich generell sagen, daß eine Wiese mit Büschen oder Bäumen als Schutz und eine Badegelegenheit — optimal natürlich ein mit Büschen und Sträuchern umwachsener Teich — Voraussetzung für die Haltung von Wassergeflügel sind. Der Schutz vor Regen, Wind und Feinden, wie Fuchs und Marder in der Nacht, stellt bei Enten und Gänsen kein großes Problem dar. Ein einfacher, zugfreier und trockener Bretterverschlag genügt vollkommen.

Nun werden vielleicht einige denken, wenn all die erwähnten Mindestvoraussetzungen des Lebensraumes gegeben sind, kann man einfach Puten, Gänse, Hühner und Enten kaufen und sie in diese Umgebung hineinsetzen. Ein bißchen Futter ausgestreut und schon läuft der Laden und die Selbstversorgung in Bezug auf Eier und Geflügelfleisch ist geschafft. Diese Einschätzung mag zutreffen, wenn von jeder Art ein oder zwei Tiere angeschafft werden, ist aber unrealistisch, wenn mehr Tiere gehalten werden. Und wer begnügt sich schon mit zwei Hühnern?

Da die meisten Geflügelarten auch in der Natur nicht in Gemeinschaft mit Artfremden leben, ist es auch nicht ratsam, mehrere Arten in größerer Anzahl zusammen in einem Auslauf zu halten. Zudem wird der Auslauf immer begrenzter sein, als es ihrer Art tatsächlich entspricht. Neben der Übertragung von Krankheiten führen ständige Streitereien und Kämpfe bei so manchem Erpel oder Gockel zum permanenten Stress. Daher sollten die verschiedenen Arten möglichst getrennt gehalten werden. Besonders wenn der Auslauf insgesamt klein ist, können so Streitigkeiten am besten verhindert werden. Puten zum Beispiel gelten als etwas zänkisch und würden die Hühner ziemlich in Atem halten. Enten und Gänse hingegen können ohne weiteres zusammen sein, wenn:

a) der Auslauf groß genug,

b) die Anzahl der Gänse- oder Entenschar nicht zu groß und

c) die Möglichkeit der Abteilung für die Zeit der Jungtieraufzucht gegeben ist.

Wer Interesse an Brut und Aufzucht von Jungtieren hat, sollte berücksichtigen, daß die Elterntiere während dieser Zeit allgemein sehr sensibel auf Eingriffe in ihr Revier reagieren und insbesondere die männlichen Tiere dann sehr ernsthafte Streitigkeiten miteinander haben können, auch wenn sie sich sonst das ganze Jahr über gut verstehen. So ist es ratsam, für die Aufzucht — zumindest für die ersten Lebenswochen der Küken — ein abgezäuntes Stück Land zur Verfügung zu haben.

Denn der Mut und die Angriffslust sonst sehr scheuer Enten oder Hennen und natürlich auch der überaus besorgten Ganter sollte nicht unterschätzt werden. Jeder, der schon einmal von einem Ganter, der Nest und Brutgans bewacht, angegriffen und über die Wiese verfolgt worden ist, wird verstehen, was ich meine. Schließlich geht es den Tieren um die Erhaltung, das Fortbestehen ihrer Art, um das sie tagtäglich und eben zur Zeit der Aufzucht besonders kämpfen müssen.

Wenn eine große Wiese vorhanden ist, scheint der Auslauf groß genug zu sein. Aber was heißt nun eigentlich großer Auslauf? Über die erforderliche Größe gibt es sehr unterschiedliche Einschätzungen, die von der Größe eines DIN A 4 Blattes bis zu der Mindestanforderung von 20 qm je Huhn reichen. Zuerst einmal — je größer und weiter, desto besser. Aber die BRD ist nun mal sehr klein und eng, die zur Miete und zum Kauf zur Verfügung stehenden Grundstücke auch. Daher möchte ich versuchen, Anhaltspunkte für eine artgerechte Haltung zu geben:

Hühner: 20 qm je Huhn, also für 10 Hühner 200 qm, für 20 Hühner 400 qm. Sollen Küken aufgezogen werden, muß der Auslauf noch größer sein.

Puten: 30 qm je Pute, wer ein Putenpaar hält, das sich sicherlich vermehren wird, soll schon mindestens 250 qm zur Verfügung stellen können.

Gänse: 250 qm je Gans, für ein Gänsepaar mindestens 1000 qm.

Enten: 30 qm je Ente, für ein Paar mindestens 400 qm.

Wenn eine größere Weide zur Verfügung steht, kann Geflügel sehr gut zusammen mit Schafen oder auch mit Ziegen gehalten werden, die das längere, härtere Gras, das das Federvieh verschmäht und das sonst abgemäht werden müßte, fressen. Die weit verbreitete Ansicht, daß Schafe das Gras einer Gänseweide wegen des scharfen Kots nicht mehr anrühren, ist nur bedingt richtig. Das ist vielmehr abhängig von der Anzahl der Gänse und Schafe auf der Weidefläche.

Allerdings spielt die Qualität der Wiese und der Gräser hier eine wichtige Rolle, so daß es schwierig ist, generelle Aussagen zu machen. Es sollte darauf geachtet werden, daß Schafe oder Ziegen nicht das Hühnerfutter verschlingen.

Am Anfang ist es günstiger, mit einer kleineren Tiergruppe zu beginnen, um erst einmal festzustellen, wie sich die Tierhaltung im Alltag entwickelt. Im 2. Jahr, wenn sich die Tiere vermehren, kann man dann immer noch entscheiden, wieviel Tiere der einzelnen Arten gehalten werden sollen. Wenn plötzlich 50 Hühner oder 10 Gänse da sind, heißt es noch lange nicht, daß alles so klappt, wie es geplant war. Schließlich wird alles aus der Menschen- und nicht aus der Tierperspektive bedacht und berücksichtigt. So können kleine Zwischenfälle, wie vielleicht die nicht vorhergesehene besondere Unternehmungslust einer einzigen Henne, ganz schön auf Trab halten. Ärger mit den Nachbarn kann es bringen, wenn die Hühner die Vorliebe für den Gemüsegarten entdeckt haben und plötzlich Zäune überfliegen, die bisher als hoch genug gegolten haben.

Der notwendig werdende Arbeits- und Zeitaufwand kann bei guter Organisation niedrig gehalten werden. Es ist nicht immer nötig, jeden morgen und abend persönlich zu füttern. Wer Futter und Wasser zur beliebigen Aufnahme in entsprechenden Behältern bereitstellt, kann sich diese Arbeit sparen. Die Tiere wissen meist am besten, wieviel für sie gut ist.

Allerdings gibt es auch Zeiten, die ziemlich belastend sein können. Wenn im Winter häufig das Trinkwasser einfriert und erneuert werden muß, weil die Stallisolierung nicht ausreicht oder im Sommer das Badegefäß der Gänse ständig leergepanscht ist und die schweren Wassereimer geschleppt werden müssen. Auch die Kükenaufzucht kann auf Trab halten, besonders dann, wenn die einzelnen Glucken nicht getrennt werden können oder das mühsam bereitete, teure Kükenfutter gierig von den Alttieren verschluckt wird, weil es nicht unter einer entsprechenden Schutzglocke stand. Doch kann jeder mit der Zeit unter den gegebenen Bedingungen die Mängel, die soviel Arbeit erfordern, durch Umorganisation beheben und auf ein Minimum beschränken.

Was die Kosten angeht, ist eine exakte Aussage schwierig. Wer einen Stall bauen muß, kann ihn aus Altholz selbst zimmern, oder aber ein Fertigprodukt für DM 500,- oder mehr kaufen. Daher empfiehlt es sich immer, genau zu überlegen, wie mit dem geringsten finanziellen Aufwand zufriedenstellende Ställe errichtet werden können. Die laufenden Kosten für Futter, Einstreu und ähnliches sind auch nicht zu verallgemeinern, da die Preise schwanken. Der Neubeginn wird aber immer einige Kosten verursachen, die nur langsam durch den Verkauf von Eiern und Schlachtgeflügel gedeckt werden können.

Die verschiedenen Geflügelarten

Welche Tiere sind für mich geeignet?

Nachdem der erste Schritt nun gegangen wurde — die Entscheidung, *daß* Geflügel angeschafft werden soll — kommt nun die „Praxis" — Anschaffung der Tiere.

Bei der Frage, welche Tiere gekauft werden, ob Gans oder Ente, Pute oder Huhn, muß immer von dem zur Verfügung stehenden Land ausgegangen werden. Die einzelnen Rassen der verschiedenen Geflügelarten stellen nämlich unterschiedliche Ansprüche an ihren Lebensraum.

Wer Hühner halten möchte, aber nur ein kleines Eckchen im Garten zur Verfügung stellen kann, sollte keine Tiere der leichten Rassen anschaffen. Sie fühlen sich nur im sehr großen, fast unbegrenzten Auslauf, wo sie weit ausschwärmen und sich einen Teil ihres Futters selbst suchen können, richtig wohl. Für kleinere Ausläufe eignen sich eher mittelschwere und schwere Hühnerrassen, die auf Grund ihres schweren Körperbaus nicht so unternehmungslustig sind, und natürlich auch Zwerghühner.

Diese Grundregel — großer Auslauf für die leichten Rassen und kleinerer Auslauf für mittelschwere und schwere Tiere — gilt auch für andere Arten. Nur die Gans als reines Weidetier macht eine Ausnahme. Sie ist nie mit einem kleinen Auslauf zufrieden.

Beim Wassergeflügel kommt das Badebedürfnis hinzu. Wer den Tieren keine Schwimmgelegenheit bieten kann, sollte sich überlegen, einen Teich zu bauen oder flache große Plastikwannen anzuschaffen. Auch wenn Enten und Gänse zur Not ohne Wasser gehalten werden können, lieben sie das Wasser über alles und es sollte ihnen daher auch nicht vorenthalten werden.

Natürlich spielt auch die Frage, welchen Nutzen man vom Tier erwartet, eine Rolle. Eier oder Fleisch oder beides? Die Eier von Enten und Gänsen sind allenfalls zum Backen verwendbar, verkauft werden dürfen sie aus hygienischen Gründen (Salmonellen) auf keinen Fall.

Wer also in der Hauptsache Geflügel halten will, um Eier zu haben, sollte sich für Hühner entscheiden. Enten, Gänse und Puten werden im Allgemeinen fast ausschließlich zur Fleischproduktion gehalten, von Enten und Gänsen sind auch noch die Federn verwendbar.

Bei den Hühnern sind die leichten Rassen eher Legetiere, da ihr geringes Gewicht für einen Braten nicht ausreichend erscheint. Die mittelschweren hingegen gelten meist als Lege- und Fleischtiere, sie sind gute Legerinnen und auf Grund ihres höheren Gewichtes zusätzlich auch ein gutes Suppenhuhn oder ein schwerer Bratgockel — die Hähne können nach einem halben Jahr auch ungemästet bis zu 7 Pfund wiegen. Der Nutzwert der schweren Hühnerrassen liegt in erster Linie beim Fleisch, da sie nicht so gut legen.

Hybridzüchtungen oder Rassegeflügel?

Die Domestikation des Huhnes liegt schon einige Jahrtausende zurück. Erst im letzten Jahrhundert aber wurde durch planmäßige Züchtung die Grundlage für jenes Leistungshuhn geschaffen, das heute im modernen Käfig sitzt und jährlich über 300 Eier legt, während noch im vorigen Jahrhundert 80-100 Eier als Glanzleistung galten.

Früher konnten bei den Geflügelarten jeweils die verschiedenen Rassen, deren Namen meist Auskunft über den Ort ihrer Herkunft gaben, unterschieden werden. Heute sind diese alten Geflügelrassen mehr und mehr in den Hintergrund gedrängt worden. Ihre Haltung und Zucht, beschränkt auf eine kleine Gruppe von Geflügelzüchtern, ist zu einer reinen Liebhaberei geworden. Und selbst bei den wenigen Geflügelhaltern in den Dörfern sind in der Mehrzahl die neuen „modernen" Hybridtiere anzutreffen, speziell für die Intensivhaltung gezüchtete Hühner zum Eierlegen oder zum Mästen.

Hybridzucht wurde zuerst im Bereich der Pflanzenzucht erfolgreich praktiziert. Diese Zuchtmethode erfordert die Erzeugung und Beobachtung von sehr vielen Inzuchtlinien oder Familien nebeneinander. Die großen Erfolge einiger kapitalstarker amerikanischer Firmen bei der Hybridzucht waren Veranlassung dafür, diese Methode auch auf die Tierzucht zu übertragen. Das Verfahren der Hybridzucht basiert auf Erkenntnissen der Genetik, wonach bestimmte erwünschte Merkmale der Elterngeneration bei der Tochtergeneration (Filialgeneration) stärker ausgeprägt in Erscheinung treten. Die für eine ausschließlich an wirtschaftlichen Gesichtspunkten orientierte Tierhaltung notwendig erscheinenden Leistungen und Eigenschaften, wie hohe Legeleistung oder Mastfähigkeit, schnelles Jugendwachstum, frühe Befiederung, frühzeitige Legereife, bessere Schlupffähigkeit in der Kunstbrut und Vitalität, können so züchterisch beeinflußt werden. Allerdings müssen alle Tiere, bei denen sich ein Leistungsrückgang bemerkbar macht, „ausgemerzt" werden; manchmal sind das 90 %, und nur mit 10 % der verbliebenen Tiere kann weitergezüchtet werden.

Die Hybridzucht ist beim Huhn am weitesten entwickelt, bieten doch die Kunstbrut endlich die Möglichkeit der jahreszeitenunabhängigen Vermehrung, der praktisch keine Grenzen gesetzt sind. Auch der relativ geringe wirtschaftliche Wert des einzelnen Huhns trägt dazu bei, daß die genetische Beeinflussung der Tiere am intensivsten vorangetrieben wird. Hybridzucht kann ausschließlich in der Wirtschaftsgeflügelzucht betrieben werden, da dieses Kreuzungsverfahren Tierbestände von mehreren Hunderttausend erfordert, und nur wenige Zuchtbetriebe über so viele Tiere „verfügen" können. Von den Zuchtbetrieben, die sich zu einem für die Wirtschaftsgeflügelhaltung bedeutenden Betriebszweig entwickelt haben, werden unterschiedliche Kreuzungsmethoden angewandt, die unter gesetzlich geschützten Firmennamen (zum Beispiel Warren SSL, Hubbard — Autosex, Hisex braun und weiß) den Nachwuchs für die Intensivhaltungsbetriebe produzieren. Diese Tiere werden nur noch zum Legen oder Mästen gehalten, sind zur Zucht jedoch nicht mehr geeignet, da der erwähnte Zuchteffekt nur bei einer Hybrid-Generation zu erwarten ist. Das Ausbrüten der Eier solcher Hennen wäre also wenig sinnvoll, da die Nachkommen mit großer Wahrscheinlichkeit sehr wenige Eier legen werden, nicht gut gedeihen und anfälliger gegen Krankheiten sind.

Wer Küken von einer Glucke ausbrüten lassen will, sollte keine Hybridtiere anschaffen, sondern sich um alte Rassen bemühen, die zwar in der Wirtschaftsgeflügelhaltung jegliche Bedeutung verloren haben, die aber dennoch sehr gute Lege- oder Fleischtiere, oder aber beides sein können. Auch bei anderen Geflügelarten ist diese Entwicklung ähnlich, lediglich bei Gänsen sind die Züchter weniger erfolgreich.

Im Grunde sind es nur die Rassegeflügelzüchter, die sich seit über 100 Jahren engagiert um die alten Rassen des Geflügels bemühen. Die modernen Vermehrungsbetriebe sind sich wohl kaum der Tatsache bewußt, daß ihr heutiges Monopol auf der Mühe und Liebe der Rassegeflügelzüchter basiert, und auch in Zukunft immer auf diese angewiesen sein wird.

Zu unterschiedlich sind Voraussetzungen und Ziele der beiden Richtungen. Stehen bei den Rassegeflügelzüchtern die Freude an Tier, Form und Farbe, auch an außergewöhnlichen äußeren Erscheinungsmerkmalen im Mittelpunkt, so wird die Wirtschaftsgeflügelhaltung und -zucht einzig und allein von wirtschaftlichen Erfolgsaussichten her bestimmt, die heute nur noch in Beständen von mindestens 5000 -10 000 Hennen erreicht werden können.

Wenngleich an den Rassegeflügelzüchtern vieles zu kritisieren ist, so sind dennoch gerade hier Züchter zu finden, die eine Alternative zur dominierenden Hühnerhaltung und -zucht suchen, die dem Huhn einen Lebensraum bieten, der seinen natürlichen Bedürfnissen entspricht.

Die Geflügelrassen

Hühnerrassen

Die große Anzahl der verschiedenen Hühnerrassen ist kaum noch zu überblicken. Es sind 3 Gruppen zu unterscheiden: Leichte Rassen — Mittelschwere Rassen — Schwere Rassen.

Leichte Rassen werden entsprechend ihrer Herkunft auch als *Mittelmeerrassen* bezeichnet. Sie gelten als ausgesprochen lebhaft und stolz, aber auch als scheu und flüchtig. Sie können das Eingesperrtsein nicht ertragen, lieben es, weit auszuschwärmen und suchen dabei eifrig Futter. Nur bei entsprechend großen Auslaufmöglichkeiten entwickeln sie ihre volle Leistungsfähigkeit. Die gute Futtersuche der Tiere ermöglicht nicht selten eine teilweise Einsparung des Futters. Das Flugvermögen der leichten Rassen ist beachtlich.

Die Brutlust der Mittelmeerrassen scheint allgemein recht schwach ausgeprägt und nur selten wird mal eine Henne brütig. Sie gelten vielmehr als reine Legetiere, die auch auf Grund ihres geringen Gewichtes (2,25 - 2,75 kg) nicht gut als Suppenhuhn oder Bratgockel geeignet sind. Am bekanntesten sind wohl die Italiener, die derzeit in 19 verschiedenen Farbschlägen gezüchtet werden. Erwähnt seien noch Leghorn, Minorka, Spanier, Andalusier, Rheinländer und Altsteirer.

Körperbau der Henne einer leichten Rasse

...einer mittelschweren Rasse

Mittelschwere Rassen erreichen nicht ganz die Legeleistung der leichten Hühnerrassen, liefern aber mehr Fleisch und neigen eher dazu, brütig zu werden. Sie sind wesentlich ruhiger und zutraulicher. Ihre bestmögliche Legeleistung entwickeln sie auch noch in kleineren Ausläufen. Die Zaunhöhe kann auf 1,20-1,50 m beschränkt werden, da ihr Flugvermögen auf Grund des höheren Gewichtes (2,50-3,50 kg) begrenzt ist. Mittelschwere Hühnerrassen eignen sich für jene Geflügelliebhaber, die ihre Nachzucht durch eigene Glucken ausbrüten und führen lassen wollen und zudem auf eine gute Legeleistung und einen Braten ab und zu nicht verzichten wollen.

Einige dieser Rassen gelten auch heute noch als beste Brüterinnen, obgleich die moderne Rassegeflügelzucht den Bruttrieb weitgehend zu unterdrücken versucht. Züchter, die früher diese Eigenschaft schätzten und nutzten, ziehen heute die künstliche Aufzucht vor und bemühen sich, die Brutlust aus den Rassen herauszuzüchten.

Zum Glück ist jedoch die Brutlust nicht allein durch Erbfaktoren bestimmt, sondern Haltung, Fütterung, Auslauf, Sozialgefüge, Witterung und andere Aspekte haben ebenfalls einen wesentlichen Einfluß, so daß weiterhin gilt, daß mittelschwere Rassen eher brütig werden als leichte Rassen.

Schwere und schwerste Rassen zeichnen sich durch ein besonders hohes Gewicht und ausgeprägte Fleischentwicklung, sowie durch zum Teil starke Brutlust aus, sind jedoch in der Legeleistung nicht so zufriedenstellend. Zu den schweren Rassen zählen Orpington, Melchelner, Faverolles und zu den schwersten Brahma und Cochins, die auch — nach ihrer Abstammung — als asiatischer Typ bezeichnet werden.

Außerdem sind noch die **Zwerghühner** zu erwähnen. Hier muß unterschieden werden zwischen *Urzwergen* und den *verzwergten Haushuhnrassen*. Inzwischen sind wohl fast alle Großrassen auch in Zwerghuhngröße gezüchtet worden. Die Verzwergung erreichen die Züchter durch Einkreuzung von Urzwergen in größere Rassen, meist noch unterstützt durch die Selektion auf besonders schwachwüchsige Typen, was die Vitalität der verzwergten Rassen nicht besonders günstig beeinflußt hat.

Zwerghühner erzielen im Verhältnis zum Futterverbrauch sehr gute Legeleistungen, sind mit wenig Auslauf zufrieden, können zudem sehr zutraulich werden und sind gute Brüterinnen. Die Urzwerge sind fast so alt wie das Haushuhn, doch die Ausweitung der Zwergzucht erfolgte erst um 1900, vor allem durch Importe aus Indien und Japan.

Entenrassen

Um den Überblick über die zahlreichen verschiedenen Entenrassen zu erleichtern, kann man sie nach ihrem Nutzwert unterteilen in Legeenten, Fleischenten und Zwieenten.

Zu den **Fleischenten**, die relativ schwer werden, gehören Aylesbury-Ente, Rouen-Ente, Peking-Ente, Sachsen-Ente und Cayuga-Ente. Diese Enten erreichen in relativ kurzer Zeit ein verhältnismäßig hohes Gewicht.

Die **Legeenten** haben ein niedriges Gewicht und eine sehr hohe Legeleistung. Erwähnt sei die Indische Laufente, die durch ihre aufrechte schlanke Körperhaltung auffällt und bei günstigen Bedingungen sich einen großen Teil ihres Futters selbst sucht. Die Legeleistung ist inzwischen von geringerer Bedeutung, da sich die Eier nicht vermarkten lassen.

Die sogenannten **Zwierassen** haben ihren Namen auf Grund ihrer doppelten Nützlichkeit für den Menschen erhalten. Sie legen viele Eier und haben gleichzeitig noch sehr viel Fleischansatz. Hier seien die Orpington-Ente, Pommern-Ente und die Hauben-Ente erwähnt.

Gänserassen

Trotz einer jahrelangen Züchtungsgeschichte der Gänse zeigen sich nur wenige Unterschiede und Veränderungen der einzelnen Gänse. So kann man auch bei Gänsen nicht von Rassen, sondern eher von verschiedenen Schlägen sprechen. Die Unterschiede bestehen in erster Linie in Gewicht, Größe und Farbe. Die Bezeichnungen sind Hinweise auf ihre Herkunft. Es ist nicht möglich, eine sichtbare Grenze zwischen Herkunftsbezeichnung und wirklicher Schlagbezeichnung zu ziehen.

In einigen Gegenden, die sich durch eine besondere Auslese in der Zucht ausgezeichnet haben, kam es zu Bildungen von Lokalschlägen, die sich von anderen Gänsen durch wesentliche erbliche Unterschiede abgrenzen lassen. Bei der Hausgans bildeten sich 2 Schläge heraus, die eine überegionale Bedeutung gefunden haben und zumindest in der Rassegeflügelzucht auch heute noch haben: Emdener und Pommern, beide aus Gebieten mit traditioneller und bedeutender Gänsezucht.

Gänseschläge mit nur lokal begrenzter Bedeutung sind Lippegänse, Leinegänse und Diepholzer, deren Bedeutung allerdings inzwischen gestiegen ist. Wichtiger für die Züchter sind auch die Toulouser Gänse geworden, die einst in Frankreich für die Erzeugung von Fettleber gezüchtet wurden und heute wohl vor allem wegen ihrem stattlichen Erscheinungsbild beliebt sind.

Putenrassen

Da die bekannten Puten alle im Typus ihrer Stammart ähneln und die Unterschiede in erster Linie in Farbe und Gewicht bestehen, ist es angebracht, bei den verschiedenen Puten von Schlägen, nicht von Rassen zu sprechen.

Zu den schweren Puten zählen Bronze-, Weiß- und Schwarzflügel (Henne: 7-8,5 kg, Hahn 10-15 kg), dann folgen, was das Gewicht betrifft, Schwarz-Rotflügel und Rote Bourbon mit einem Gewicht von 6-7 kg (Henne) und 9-12 kg (Hahn). Alle anderen leichteren Farbschläge wiegen 6-8 kg (Hahn) und 4-5 kg (Henne). Die Anzahl der gelegten Eier schwankt jährlich zwischen 60 und 200 Stück.

Putenpärchen

Im folgenden werde ich einige Besonderheiten der einzelnen Geflügelrassen anführen. Derartige Tabellen können immer nur Tendenzen aufzeigen, die bei einzelnen Rassen gehäuft auftreten. Sie beinhalten die Gefahr, zu starren Musterbeschreibungen abzugleiten, die für äußerliche Beschreibungen ihre Berechtigung haben. Bei einer Auswahl einiger weniger Eigenschaften und Besonderheiten der Rassen kann eine derartige Tabelle nicht mehr sein als ein Hinweis für die Entscheidung, welche Rasse gehalten werden soll. Die Tabelle kann und muß daher durch eigene Erfahrungen ergänzt werden. Garantien für bestimmte Eigenschaften gibt es nicht. Jedes Tier ist ein Individuum, dessen besondere Eigenarten und Verhaltensweisen niemals starr festgelegt sind. Die Lebensbedingungen und die damit verbundenen Möglichkeiten haben eine Bedeutung, die nicht hoch genug eingeschätzt werden kann.

Die in der folgenden Tabelle aufgeführten Rassen sind eine Auswahl solcher Tiere, die leicht zu erwerben und für eine artgerechte Freilandhaltung geeignet sind und einen hohen Nutzwert haben.

Exakte Beschreibungen aller Geflügelrassen sind nachlesbar bei Woith/ Ziebert und Marks/Krebs (siehe Literaturliste). Dort können auch die Beschreibungen anhand von Zeichnungen nachvollzogen werden, auf die ich bewußt verzichtet habe.

Leichte Hühnerrassen

Italiener	**Leghorn**	**Spanier**	**Minorka**	**Andalusier**
		Herkunft		
Italiener entstanden aus italien. Landhühnern und verbreiten sich seit 1850 auch in Deutschland. Inzwischen etwas durch Leghorn zurückgedrängt. Galt früher als Bauernhuhn	Aus Livorno (Italien) Mitte des 18. Jhdt. nach England eingeführt. Livorno heißt im Engl. Leghorn. Nach dem 1. Weltkrieg begann die Entwicklung als Wirtschaftsrasse in Deutschland	Vermutlich aus Westindien (ungeklärt) zu Beginn des vorigen Jhdt. nach Spanien gekommen. Seit 1844 in Deutschland	Alte spanische Landhuhnrasse, 1880 nach Deutschland eingeführt	Spanisches Landhuhn der Provinz Andalusien, seit 1872 in Deutschland
		Anforderungen an den Lebensraum		
Verträgt das Eingesperrtsein nicht, kann sich und auch seine Leistungsfähigkeit nur in großen, besser unbegrenzten Ausläufen entwickeln; hoher Zaun notwendig	Keine besonderen Anforderungen, eignen sich für Haltung auch in Großherden in allen Klimazonen	Etwas empfindlich, für rauhe und hochgelegene Klimazonen nicht empfehlenswert	Benötigen einen großen Auslauf, um ihre besonderen Eigenschaften entfalten zu können. Gedeihen in fast allen Klimazonen	Benötigt für sein Wohlbefinden einen großen Auslauf

Leichte Hühnerrassen (Fortsetzung)

Italiener	Leghorn	Spanier	Minorka	Andalusier
		Gewicht		
Hahn: 2,25-3 kg Henne: 1,7-2,5 kg	Hahn: 2,0-2,5 kg Henne: 1,7-2,2 kg	Hahn: 2,5-3,0 kg Henne: 2,0-2,5 kg	Hahn: 2,5-3,5 kg Henne: 2,25-3 kg	Hahn: 2,75 kg Henne: 2,3 kg
		Durchschn. Jahreslegeleistung		
1. Jahr: 200; 2. J.: 180 weiße Eier von ca. 55 g	1. Jahr: 240-260; 2. J.: 160-200 weiße Eier von ca. 55 g	1. Jahr: 160; 2. J.: 130 weiße Eier von ca. 55 g	1. Jahr: 170; 2. J.: 140 weiße Eier von 60-80 g	160 weiße Eier von 58-60 g
		Nutzwert		
Legehuhn	Legehuhn; Stammform der Legehybriden	Legehuhn	Legehuhn mit gutem Fleischansatz	Legehuhn
		Brut und Aufzucht		
Die Brutlust ist gering. Küken wachsen sehr schnell und sind früh (6. Monat) legereif. Sehr robust	Kaum Brutlust. Küken sind frohwüchsig und frühzeitig legereif	Kaum Brutlust. Küken sind relativ empfindlich, befiedern langsam und daher schwierig aufziehbar	Kaum Brutlust. Küken sind frohwüchsig und leicht aufziehbar	Kaum Brutlust. Küken sind frühreif
		Wesen, besondere Eigenschaften		
Etwas scheu und flüchtig, lebhaft und ursprünglich. Hähne entwickeln ein vielfältiges Werbungs- und Balzverhalten	Gute Futterverwerter, manchmal etwas aggressiv		Lebhaft und etwas scheu dem Menschen gegenüber; Winterlegepause	Hähne sind recht streitlustig, gute Futterverwerter
		Äußeres Erscheinungsbild		
Stolze Erscheinung, z. Zt. werden Italiener in 19 Farbschlägen gezüchtet, die rebhuhn-farbigen sind am verbreitesten, gefolgt von silber- und goldfarbig. Gelbe Läufe	Rein silber-weißes Gefieder, gelbe Läufe	Stolze Erscheinung, dunkelschieferfarbige Läufe; tief-grün glänzendes schwarzes Gefieder	Gefieder: schwarz, weiß; fleischfarbene o. schwarze Läufe	Gefieder: taubenblau; schieferblaue bis graue Läufe, stolze Haltung

Mittelschwere Hühnerrassen

La Flèche	Australorps	Mechelner	Plymouth Rocks	New Hampshire
Herkunft				
Seit 1650 bekannte alte französische Rasse (sicher noch älter); seit 1860 in Deutschland. Aus La Flèche, nördl. v. Paris	Um 1926 in Australien aus schwarzen Orpingtons (Austr. Orpingtons) gezüchtet. Seit 1950 in Deutschland	Einkreuzung von belgischen Landhühnern in Mecheln mit asiat. Rassen; um 1880 in Deutschland eingeführt	Seit Mitte des 18. Jhdt. bekannteste und verbreiteste Wirtschaftsrasse; seit 1879 in Deutschland verbreitet	Auslese aus Rhodeländern; in den 20er Jahren in den USA; seit 1950 in Deutschland
Anforderungen an den Lebensraum				
Etwas empfindlich bzg. der Witterung	Robust und kräftig, stellt keine besonderen Ansprüche	Benötigt ausreichende Bewegungsmöglichkeiten, da sie sonst leicht verfetten können; sehr gute Futterverwerter	Schlechte Flieger — niedriger Zaun; sehr widerstandsfähig, auch für rauhes Klima geeignet keine besonderen Ansprüche	Relativ ruhig, begnügt sich auch mit kleinem Auslauf; Zaunhöhe 1,20-1,50 m ist ausreichend
Nutzwert				
Lege- und Fleischhuhn	Lege- und Fleischhuhn	Lege- und Fleischhuhn	Lege- und Fleischhuhn	Lege- und Fleischhuhn
Gewicht				
Hahn: 2,5-3 kg Henne: 2-2,5 kg	Hahn: 3-4 kg Henne: 2,5-3 kg	Hahn: 3,5-4 kg Henne: 2,5-3,5 kg	Hahn: 4,5-5 kg Henne: 3-3,5 kg	Hahn: 3-4 kg Henne: 2,5-3 kg
Durchschnittliche Jahreslegeleistung				
170 gelb-weiße Eier von 62 g	230 hellbraune Eier von 58 g	150-200 gelbliche Eier von 55 g	180-200 dunkelgelbe Eier von 60-65 g	1. Jahr: 200 2. J.: 160 braune Eier von 55 g
Brut und Aufzucht				
Brutlust recht schwach ausgeprägt; Jungtiere gelten als recht empfindlich; Wachstum und Befiederung langsam	Zuverlässige Brüterin; Küken sind frohwüchsig und frühreif	Brutlust gut entwickelt; Küken sind frohwüchsig. Henne kann 18 Eier bebrüten	Brutlust gut bis mäßig ausgeprägt; Küken sind schnellwüchsig, Befiederung schnell, leicht aufziehbar	Mäßig entwickelter Bruttrieb; Küken befiedern schnell, sind frohwüchsig
Wesen, besondere Eigenschaften				
Sehr temperamentvoll	Sehr ruhig, wenig aggressiv	Ruhiges Huhn, gute Winterleger	Nicht aggressiv, sehr verträglich, gute Futtersucherinnen	Ruhiges und zutrauliches Wesen, z. T. etwas aggressiv
Äußeres Erscheinungsbild				
Kleine Haubenform; Gefieder: weiß, schwarz, gesperbert, blau	Gefieder: tiefgrün bis glänzend schwarz; schwarze Läufe;	Gefieder: weiß und gesperbert; stolze Haltung; befiederte Läufe	Gefieder: gestreift, schwarz, weiß, gelb, rebhuhnfarbig	Gefieder: goldbraun oder weiß; z. T. anfällig gegenüber Parasiten

Mittelschwere Hühnerrassen (Fortsetzung)

Rhodeländer	Sussex	Welsumer	Wyandotten
Herkunft			
Um 1860 Ergebnis eines Zuchtwettbewerbs um das beste Lege- und Fleischhuhn im amerikanischen Staat Rhode Island; 1901 in Deutschland eingeführt	Altes engl. Landhuhn, daß in Sussex um 1800 durch Einkreuzung asiat. Rassen entstand; seit 1903 in Deutschland	In Welsum (Holland) erstmals gezüchtet, seit ca. 1925 in Deutschland	Nordamerika. Ende des 18. Jhdt. gelangte es nach Deutschland, in der Schweiz züchterisch verbessert
Anforderungen an den Lebensraum			
Begnügt sich auch mit kleinen Ausläufen, Zaunhöhe 1-1,20 m ausreichend	Für kleine Ausläufe gut geeignet, Zaunhöhe 1-1,20 m ausreichend	Keine besonderen Ansprüche	Für kleine und große Ausläufe geeignet; wetterfest und durch den Rosenkamm frostunempfindlicher
Nutzwert			
Zwiehuhn, Lege- und Fleischhuhn	Zwiehuhn, Lege- und Fleischhuhn	Zwiehuhn, Lege- und Fleischhuhn	Zwiehuhn, Lege- und Fleischhuhn
Gewicht			
Hahn: 3,0-3,5 kg Henne: 2,5-3,0 kg	Hahn: 3,0-4,0 kg Henne: 2,5-3,0 kg	Hahn: 3,0-3,5 kg Henne: 2,0-2,5 kg	Hahn: bis 3,5 kg Henne: bis 3,0 kg
Durchschnittliche Jahreslegeleistung			
150-180 braune Eier von 60 g	1. Jahr: 180 Eier 2. Jahr: 150 Eier gelbbraun, von 55 g	160 braune Eier von 65 g	1. Jahr: 180 Eier 2. Jahr: 150 Eier braun-gelb, von 52-60 g
Brut- und Aufzucht			
Auch heute noch gut entwickelt; Küken unempfindlich und frohwüchsig, z. T. langsame Befiederung infolge züchterischen Einflusses	Recht stark entwikkelte Brutlust, die inzwischen nicht mehr gefragt zu sein scheint. Sussex war lange Zeit als zuverlässige Brüterin bekannt	Gering entwickelte Brutlust	Z. Zt. noch gut entwickelter Bruttrieb; Küken sind schnellwüchsig
Wesen, besondere Eigenschaften			
Sehr ruhiges, robustes Huhn	Ruhiges und relativ zutrauliches Wesen	Lebhaft	Ruhige und zutrauliche Tiere, die sehr widerstandsfähig sind
Äußeres Erscheinungsbild			
Gefieder: satt dunkelrote Lackfarbe; gelbe Läufe	Kompakter Körperbau; Gefieder: bunt, gelb-columbia hell, rot-columbia, braun	Gefieder: rost-rebhuhnfarbig; gelbe Läufe	Gefieder: z. Zt. 17 verschiedene Farbschläge

Schwere Hühnerrassen

Cochin	Brahma	Dorking	Orpington
	Herkunft		
Asiat. Rasse, Schwergewichtler; seit 1870 in Deutschland gezüchtet	Ursprung ist nicht genau geklärt, vermutlich asiatisch-amerikanisch; seit 1852 in Deutschland	Gehört zu den ältesten Hühnerrassen, bis 55 n. Chr. nachweisbar! Stammt aus England und wurde 1860 in Deutschland eingeführt	Gezüchtet in Orpington-House in Kent; ca. 1880-1888 nach Deutschland
	Anforderungen an den Lebensraum		
Ist im beschränkten, kleinen Auslauf gut zu halten	Robust und wetterhart, keine besonderen Anforderungen, ist auch im kleineren Auslauf zufrieden	Ist auch mit einem kleinen Auslauf zufrieden	Begnügt sich gern mit kleinerem Auslauf; überfliegt 1m hohe Zäune nicht mehr
	Nutzwert		
Fleischhuhn	Fleischhuhn	Fleischhuhn	Fleischhuhn
	Gewicht		
Hahn: 5-6 kg Henne: 3,5-4,5 kg	Hahn: 3,5-5 kg Henne: 3,0-4,5 kg	Hahn: 3,5-4,5 kg Henne: 2,5-3,5 kg	Hahn: 4-5 kg Henne: 3-4 kg
	Durchschnittliche Jahreslegeleistung		
1. Jahr: 120, 2. Jahr: 100 braungelbe Eier von 53 g	1. Jahr: 140, 2. Jahr: 110 gelbbraun - gelbrote Eier von 53 g	1. Jahr: 140, 2. Jahr: 110 weiße Eier von 55-65 g	130-160 gelbe Eier von 55-65 g
	Brut und Aufzucht		
Zuverlässige und sehr gute Brüterin; Küken leicht aufziehbar	Bruttrieb z. Zt. gut entwickelt; Küken sind leicht aufziehbar	Zuverlässig, stark entwickelter Bruttrieb	Gute Brüterin und Fütterin der Küken, die frohwüchsig sind
	Wesen, besondere Eigenschaften		
Sehr ruhiges Wesen, leicht ein bißchen zahm	Sehr lebhaftes Temperament und dennoch nicht scheu, eher zutraulich	Ruhiges Wesen	Gute Winterlegerin; ruhiges und recht zutrauliches Wesen, beginnen oftmals früh mit der Brut
	Äußeres Erscheinungsbild		
Neben den Brahma die mächtigste und massigste Hühnerrasse mit ungewöhnlich dickem Federkleid; Gefieder: 7 verschiedene Farbschläge; befiederte Läufe	Kraftvolle und herausfordernde Haltung; Gefieder: 4 verschiedene Farbschläge; befiederte Läufe	Gefieder: 5 verschiedene Farbschläge; Körperbau: groß, lang, tief und breit	Dicke und lange Befiederung: 11 verschiedene Farbschläge

Zwerghühner

Bantam	Chabos	Zwerg-Cochin	Federfüßige Zwerghühner	Seidenhühner
		Herkunft		
Sehr alte japanische Zwerghuhnrasse vom Bezirk Bantam (Java)	Sehr alte japanische Rasse, die vom Typ her auf über tausend Jahre alten japanischen Gemälden und Plastiken erkennbar ist. Seit 1850 in England	Urzwergrasse aus China, seit Mitte des 18. Jhdt. in England	Ursprungsland nicht exakt auszumachen, seit dem Mittelalter bekannt.	Soll auf eine Wildhuhnart aus dem Himalayagebiet zurückgehen. Mongolen haben vor ca. 4000 Jahren Seidenhühner domestiziert. Seit 1780 in Europa
		Anforderungen an den Lebensraum		
Kleiner Auslauf genügt.	Auch in kleineren Ausläufen zufrieden	Kleiner oder großer Auslauf; gute Futtersucher	Gut für kleinere Ausläufe geeignet	Kleiner Auslauf, wegen Flugunfähigkeit niedriger Zaun und niedrige Sitzstangen
		Nutzwert		
Liebhaberrasse	Liebhaberrasse	Liebhaberrasse	Legehuhn, geringer Futterbedarf	Zierhuhnrasse
		Legeleistung		
Geringe Legeleistung: weiße Eier von ca. 25 g	Geringe Legeleistung: weiß bis braune Eier von ca. 28 g	Mittelmäßige Legeleistung, hohes Gewicht der Eier (35g)	Reichlich: weißbräunliche Eier von ca. 30 g	120 braune Eier von 35 g jährlich
		Gewicht		
Hahn: 600 g Henne: 500 g	Hahn: 600 g Henne: 500 g	Hahn: 800 g Henne: 750 g	Hahn: 850 g Henne: 750 g	Hahn: 1200 g Henne: 1000 g
		Brut und Aufzucht		
Gute Brüterin; langsame Befiederung	Bruttrieb gut entwickelt	Gute Brüterin	Z. T. Bruttrieb vorhanden	Beste Brüterin und Fütterin der Küken
		Wesen, besondere Eigenschaften		
Temperamentvoll aber zutraulich, Hähne z. T. kampflustig	Die Hähne krähen besonders laut		Lebhaftes und zutrauliches Wesen	
		Äußeres Erscheinungsbild		
Gefieder: 11 verschiedene Farbschläge	Gefieder: 14 verschiedene Farbschläge	Gefieder: 11 verschiedene Farbschläge	Gefieder: 14 verschiedene Farbschläge	Gefieder: weiß mit gelblichem Anflug, auch schwarz, blau, silbergrau

Enten
Leichte und Zwierassen

Indische Lauf-Ente	Khaki-Campbell-Ente	Orpingtonente	Pommernente	Hochbrutflug-Ente
		Herkunft		
Von Südostasien und dem Malayischen Archipel kam sie um 1850 nach England, wo sie im zoologischen Garten zur Reinzucht und Kreuzung verwendet wurde. Darwin wies ihre Abstammung von der Stockente nach. Die Körperhaltung gilt als hoch vererbbar	Kreuzung von Laufenten mit Wild- und Rouenenten, benannt nach der Geflügelzüchterin Mrs. Campbell (England)	In Kent (England) von William Cook in Orpington-House gezüchtet, Ende des letzten Jahrhunderts, wobei Aylesburg-, Cayuga-, Schwedische und Indische Laufenten beteiligt waren.	Es wird angenommen, daß Vorpommern (heute Polen) ihr Ursprungsland ist. Da es bis 1815 schwedisch war, wurde diese Art auch als Schwedische Ente bezeichnet. Diese Rasse wurde unter verschiedenen Bezeichnungen in vielen Teilen Europas schon im18. Jhdt. gezüchtet	Die Hochbrutflugente entstand in Deutschland vor dem 1. Weltkrieg aus einer gezielten oder zufälligen Kreuzung von rasselosen Landenten mit Stockenten. Genau ist die Entstehung dieser Rasse nicht zu bestimmen, da die Darstellung in der Literatur recht unterschiedlich ist
		Nutzwert		
Gilt als Legerasse; 200 Eier mit einem Gewicht von 65 bis 75 g, beginnt im Herbst zu legen und legt den Winter durch; das Fleisch junger Tiere ist zart, das älterer Tiere trocken; wenig Fleisch	Hohe Legeleistung von 200-350 Eiern (gilt als eine der besten Wirtschaftsrassen); wenig Fleisch, ca. 2,75 kg Gewicht	Leicht bis mittelschwer, gilt als Zweinutzungsente (Fleisch und Eier); Gewicht: 3-3,5 kg (gemästet 4-5 kg), Ente: 2,5 kg, Erpel: 3,0 kg	Mittelschwere Entenrasse von 2,5-3 kg; guter Fleischertrag, gute Legeleistung	Schmackhaftes Fleisch
		Anforderung an den Lebensraum		
Wetterhart; kann ohne Teich gehalten werden Benötigt wegen ihrer Beweglichkeit großen Auslauf		Benötigt nicht unbedingt Schwimmwasser, läßt sich auch in kleinerem Auslauf halten	Wenig anspruchsvoll, wetterhart	

Ute Rhein

Enten
Leichte und Zwierassen (Fortsetzung)

Indische Lauf-Ente	Khaki-Camp bell-Ente	Orpingtonente	Pommernente	Hochbrutflug-Ente
		Gefieder		
weiß, schwarz, blau, braun, wildfarbig, rehfarbig, forellenfarbig	khakifarbig (Ente etwas heller als der Erpel); Kopf des Erpels schimmert grünblau	gleichmäßig ledergelb; beim Erpel sind Kopf und Oberhals etwas dunkler; blau	blau, schwarz mit Grünglanz	wild- und isabellenfarbig, eisgrau, schwarz, reinweiß
		Gelege		
		150-200 Eier mit 75 g, die weiß bis grün sind	Von Ende Febr. bis Ende Juni legt sie fast ununterbrochen 80 g schwere Eier	50 g schwere, grünliche Eier
		Brut und Aufzucht		
Zur Brut bedingt geeignet	Anzucht der Jungtiere leicht, da frühreif	Jungtiere sind schnellwüchsig und erreichen mit 8-10 Wochen 2 kg, sehr lebenskräftig, unempfindlich	Jungtiere unempfindlich und wetterhart und wachsen schnell, mit 8-10 Wochen 1,5-2 kg	Brütet auf Pfählen oder Bäumen 1,5 bis 3 m hoch. Nach dem Schlupf werden die Küken von unten gelockt und lassen sich herunterfallen. Erpel und Ente betreuen die Küken gemeinsam
		Wesen		
Lebhaft, sehr aufmerksam und beweglich; steil aufgerichtete Körperhaltung, langer schlanker Körper	Sehr hohe Beweglichkeit	Eifrige Futtersucherin, bescheiden in der Futteraufnahme		Enten sind sehr selbständig und fliegen sehr weit und hoch, kehren immer wieder zurück, benötigen wenig oder kein Futter, wennTeiche, Seen oder Flüsse in der Nähe sind, kann sie auch ohne Stall im Freien gehalten werden; täglich Körner zur gleichen Zeit macht sie ortsgebundener

Fleischenten

Rouen-Ente	Aylesbury-Ente	Peking-Ente	Cayuga-Ente	Sachsen-Ente	Moschus-o. Bisam-Ente
			Herkunft		
Umgebung der Stadt Rouen, Normandie. Aus Land-Enten gezüchtet, die in England weitergezüchtet wurde und in der 2. Hälfte des 18. Jhdt. nach Deutschland kamen	Schon vor 180 Jahren wurden diese Enten in der Gegend um Aylesbury gezüchtet und kamen ca. Mitte des letzten Jhdt. nach Deutschland, wo sie bald zur beliebtesten u. meistgehaltensten Entenart wurde. Inzwischen wirde sie zunehmend von der Rouen- und der Peking-Ente verdrängt	2 Arten sind zu unterscheiden: *amerikanische Peking-Ente* wurde unter Verwendung von Aylesbury-Enten in den 70ern des 18. Jhdt. in den USA gezüchtet und kam Anfang des 20. Jhdt. nach Deutschland. Die *Deutsche Peking-Ente* geht auf Stammformen zurück, die im letzten Drittel des vorigen Jahrhunderts von China nach Deutschland kamen	Wurde zuerst an den Ufern des Cayuga-Sees (USA) gezüchtet und verbreitete sich in den ganzen USA. Ende des letzten Jhdt. kam sie nach Deutschland u. England, ist allerdings nicht sehr verbreitet	In den 50er Jahren in der DDR (Sachsen) aus Rouen-Enten und Pommern-Enten und deutschen Peking-Erpeln gezüchtet	Stammt von einer brasilianischen Baum-Ente ab, heißt auch Warzen- oder Türken-Ente und ist schon seit einigen Jhdt. domestiziert, wahrscheinlich schon von den Inkas als Haustiere gehalten und ca. 1600 nach Europa gekommen
		Anforderung an den Lebensraum			
Können auch ohne Teich gehalten werden, wenn sie öfters Gelegenheit zum Baden haben; benötigen zur Befruchtung Schwimmgelegenheit	Nützen jeden Auslauf als beste Futtersucherinnen sehr gut; benötigen Wasser bzw. Badegelegenheit	Stellen geringe Ansprüche an Stall u. Auslauf, vertragen auch das kälteste Klima ohne Nachteile, wenn sie eine trockene Unterkunft haben; sie sind leicht erregbar, etwas scheu, wollen lieber in Ruhe gelassen werden			Benötigen großen Auslauf, da sehr unternehmungslustig; sie bewegen sich mehr auf dem Land als im Wasser u. schlafen gern in Bäumen o. auch auf den Sitzstangen der Hühner

Fleischenten (Fortsetzung)

Rouen-Ente	Aylesbury-Ente	Peking-Ente	Cayuga-Ente	Sachsen-Ente	Moschus-o. Bisam-Ente
			Nutzwert		
Ente, die sehr schwer u. groß werden kann Ente: 2,5-3 kg Erpel: 3,5-4 kg Jungtiere erreichen in 8-10 Wochen ein Gewicht von 2-2,5 kg, wenn sie gemästet werden	Ente, die 3-3,5 kg schwer wird, mehrjährige Tiere können bis zu 5 kg Gewicht erlangen Jungtiere erreichen mit 8-9 Wochen 1,5-1,75 kg	Schwere Entenart, ausgewachsene 2jährige Erpel wiegen 3,25-3,5 kg Enten: 3 kg (gemästet 4-4,5 kg, mit 8 Wochen gemästet 2 kg)	Mittelschwere Fleischentenart	Schwere Landentenart Erpel: ca. 3,5 kg Ente: ca. 3 kg	Dunkles, sehr zartes und fettarmes Fleisch Ente: 2,5 kg Erpel: bis 5 kg (großer Gewichtsunterschied
			Gefieder		
Gleicht in Farbe und Zeichnung der Stock-Ente	Weiß	Weiß mit Gelbton	Schwarz mit grünem Metallglanz; in Gestalt und Haltung der Rouen-Ente ähnlich, jedoch leichter	Blau-gelb	Reichlicher Daunenertrag; wildfarbig, weiß, blauwildfarbig, scheckig, blau, schwarz
			Gelege		
Max. 100 Eier im Jahr von 70-80 g	80-130 Eier von 90-110 g	200 und mehr Eier von 70 bis 80 g Deutsche Peking: 50-60 weiß bis gelbliche Eier von 70 g	Dunkelgrüne bis grauweiße Eier von 65 bis 80 g, ca. 100 Eier jährlich	100-140 weiße, 80 g schwere Eier	Eier ca. 70 g
			Brut und Aufzucht		
Gilt als unzuverlässige Brüterin	Jungtiere wachsen sehr schnell u. sind leicht aufzuziehen	Bruttrieb tritt selten auf; Aufzucht der Jungtiere leicht, da schnelles Wachstum, geringe Empfindlichkeit, wetterhart			Sehr zuverlässige Brüterin u. Führerin, 2-3 Bruten im Jahr. Brutdauer 35 statt 28 Tage, Befruchtung fast 100 %ig

Gänse

Pommern-Gans	Emdener Gans	Toulouser Gans	Höcker-Gans o. Schwanen-Gans	Locken-Gans
		Herkunft		
Polen (bzw. Vorpommern und Teile v. Mecklenburg, daher Pommerngans). Fast solange nachweisbar wie die Emdener, geht auch auf diese zurück	Die älteste (seit 2000 Jahren) aus Ostfriesland und von der Nordseeküste stammende Gänserasse wurde nach England eingeführt, wo sie den Namen Emdener Gans erhielt. Dort wurde sie mit der Toulouser Gans gekreuzt, wodurch aus der ursprünglich schlanken Rasse eine schwere Rasse wurde.	Die Zucht in der Garonne-Niederung in Südwestfrankreich ist seit dem 14. Jhdt. nachgewiesen. Vor einigen Jahrzehnten wurden bei dieser auf Fettleber gezüchteten Rasse Körpergewichte über 15 kg erzielt, heute nicht mehr üblich, doch u.a. in Frankreich wird sie immer noch zwangsgemästet	Stammt von der noch heute in Sibirien und Nordasien frei lebenden Höckergans (*Cygnopsis cygnoides*) ab und wird von Chinesen und Japanern schon lange als Haustier gehalten; wurde früher auch Trompetengans, Chinesische Gans, genannt; in Deutschland seit einigen Jahrhunderten heimisch.	Südosteuropa; wird auch Strupp- oder Seidengans, Türkische Gans, Astrachan- oder Sebastopolgans genannt und gilt als Variation der Hausgans. Die Lockenbildung war zunächst eine natürliche, die vereinzelt auftrat und züchterisch verstärkt wurde
		Gefieder		
Weiß, gescheckt (grau bis grau-weiß), grau (ähnlich der Graugans).	Weiß (früher grau wie die Graugans)	Asch- oder graublauer Grundton; reich entwickeltes Gefieder	Graues Gefieder mit braunen Streifen auf dem Rükken.	Weiß
		Gewicht		
Schwere Rasse, die 5-8 kg schwer wird;	Schwere Rasse, die 6-9 kg schwer wird;	Schwerste Gänserasse; Ganter: 9-10 kg Gans: 8-9 kg	Ganter: 5-6 kg, Gans: 4-5 kg	Gans: 4,5-5 kg, Ganter: 5-6 kg; leichter Schlag
		Gelege		
früher 10-15, heute 40-60 Eier von 160 bis 200g	70 und mehr Eier von mind. 170 g	20-40 Eier von 180-200 g, jedoch schlechte Befruchtung, da die Tier so unbeweglich sind	meist 2 Gelege von 30-40 Eier, also 70-80 im im Jahr mit ca. 120 g	Bruteier wiegen ca. 120 g
		Brutlust		
Bruttrieb geht zurück; spät brütende Gans	Geht mehr und mehr zurück	Gut ausgeprägt	Gilt als zuverlässige Brüterin	

Gänse (Fortsetzung)

Pommern-Gans	Emdener Gans	Toulouser Gans	Höcker-Gans o. Schwanen-Gans	Locken-Gans
		Fleischqualität		
Sehr viel Brustfleisch, das früher sehr beliebt war; gilt als beste Fleischgans			Sehr saftiges, wohlschmeckendes Fleisch, fein, fettarm, zart	
		Aufzucht		
Relativ leicht, da die Gössel unempfindlich und schnellwüchsig sind		Nicht ganz leicht, da die Gössel gegenüber Kälte, Nässe, Wind und Sonne äusserst empfindlich sind; nur bedingt für dieses Klima geeignet	Die Höckergans ist sehr kälteunempfindlich und abgehärtet, daher ist die Gösselaufzucht unproblematisch	Etwas schwierig, da das Jugendwachstum etwas geringer ist und die Entwicklung des Gefieders recht lange dauert
		Besonderheiten		
	Die Gössel haben graue Daunen und können als Junggänse im 1. Jahr noch grau oder graugescheckt sein; von Anfang an reinweiße Tiere sind ausnahmslos Ganter; nach Ende der 2. Hauptmauser sind alle Emdener weiß	Auf Grund ihres hohen Nährstoffbedarfs hat sie recht hohe Ansprüche an Futter und Qualität der Weide; im äusseren Erscheinungsbild unterscheidet sie sich besonders durch ihre Kehlhwamme und doppelte Fettwamme am Bauch	Ähnelt im äusseren Erscheinungsbild dem Höckerschwan ein wenig, weil sie auf der Wurzel des Oberschnabels einen Höcker hat, der ei- oder kugelförmig ist; die Hökkergans ist bzgl. des Futters anspruchslos; die Stimme des Ganters klingt wie Trompeten	Ihren Namen hat sie nach den lokkenartig gebildeten Federn am Oberkörper
		Wesensart		
Gilt allgemein als relativ ruhiger Schlag	Benötigt Wasser und auf Grund ihres hohen Nährstoffbedarfs eine gute Weide	Bewegt sich ininfolge ihres massigen Körpers langsam und hat ein friedliches Wesen	Gilt als ein wenig zänkisch, lebhaft und als bewegliche Weidegans	

Gänse (Fortsetzung)

	Diepholzer Gans	Celler Gans	Lippe-Gans
Herkunft	Wird seit dem 19. Jhdt. nach bestimmten Merkmalen gezüchtet und zwar auf Erhaltung der guten Beweglichkeit und anderen Eigenschaften einer Weidegans, nicht auf hohes Gewicht; gilt als Mustertyp aller anderen veredelten Landgansschläge; ursprünglich Landgans im Kreis Diepholz/Hannover und dem Nachbarkreis Dinklage, einem Gebiet, das einmal Moor- und Heidelandschaft war und der anspruchslosen Gans genügte. Selbst Weiden mit schlechten Gräsern genügen ihr	Um 1848 wurde dieser Typ in Celle (Han.) und Umgebung aus braunen und braun gescheckten Landgänsen entwickelt	
Gefieder	Weiß	Helles lederbraun mit schmalen, helleren Federsäumen	Weiß
Gewicht	Leichter Gänseschlag; Gans: 5,5-6 kg Ganter: 7 kg	Gans: 4-6 kg Ganter: 5,5-6,5 kg	Gans: 5,5-6 kg Ganter: 6,5-7 kg
Gelege	Früher begannen Diepholzer Anfang Okt. zu legen und brachten im Nov. die ersten Gössel aus; Bruteier wiegen ca. 140 g	Bruteier wiegen ca. 130 g	Früher 2 Gelege mit insgesamt 40 Eier von ca. 140 g
Brut und Aufzucht	Gut entwickelte Brutlust und sorgfältige Führer der Gössel; gilt als früh brütende Gans		Gilt als sehr gute Brüterin
Wesen und Besonderheiten	Anspruchslose frühreife Weidegans, ausmerksam und zutraulich; munterer Gänseschlag; kann ohne Gewässer gehalten werden		

Puten

Cröllwitzer Pute	Bronzetruthuhn u. Breitbrüstige Bronzeputen	Weiße Holländer	Narragansett-Pute	Rote Bourbon
		Herkunft		
Sehr früh nach Westeuropa eingeführt u. in Halle-Cröllwitz (DDR) weitergezüchtet unter Verwendung von weißen, gestreiften u. gescheckten belgischen Ronquieres Truthühnern	Name stammt vom dunkel glänzenden bronzefarbigem Gefieder. Aus dem Bronzetruthuhn züchtete man breitbrüstige Bronzeputen, die noch schwerer werden	Auch Virginische Schneeputen genannt		In Amerika gezüchtet
		Gewicht		
Henne: 4-5 kg, Hahn: 6-8 kg	Henne: 7,5-9 kg Hahn: 11,5-16 kg Breitbrüstiges Bronzetruthuhn: Henne: 8-10 kg, Hahn: 14,5-18,5 kg	Henne: 5-6 kg Hahn: 8,5-10 kg	Henne: 6,5-8 kg Hahn: 10,5-15 kg	Henne: 6-7 kg Hahn: 9-12 kg
		Anforderungen an den Lebensraum		
Große Auslauf- u. Weidemöglichkeit	Große Auslauf- u. Weidemöglichkeit	Weite und ausgedehnte Weidemöglichkeit	Weiter, großer Auslauf, Weidefläche	Großer und weiter Auslauf u. Weidemöglichkeit
Gelege				
60-200 Eier	60-200 Eier	60-200 Eier	60-200 Eier	60-200 Eier
		Brut		
Beste Brüterin	Beste Brüterin	Beste Brüterin	Beste Brüterin	Beste Brüterin
		Farbe		
Weiß, an Brust und Rücken beginnend jede Feder mit schwarzem Saum; es gibt auch schwarze Cröllwitzer	Dem wilden Truthuhn ähnlich, ist aber schwerer, die breitbrüstigen sind noch schwerer: weiß, bronzefarbig, gelb, schwarz, blau, kupferfarbig, rot		In Farbe der Bronzepute ähnlich, bis auf fehlenden Bronzeschimmer; sie hat schwarzen Metallglanz	Rötlich

Exkurs: Vom Wildgeflügel zum Hausgeflügel

Wie das Wildhuhn zum Haushuhn wurde

Bekannt sind heute vier Arten von Wildhühnern, die als Vorfahren der Haushühner bezeichnet werden können. Das *Bankivahuhn* gilt als die Hauptstammart des Haushuhns, doch restlos geklärt ist die Abstammungsfrage des Haushuhns nicht. Das Bankivahuhn lebt in Vorder- und Hinterindien, Südchina und auf einigen malaiischen Inseln im Unterholz des Waldes oder im Bambusdickicht. Äußerlich ist es mit dem rebhuhnfarbigen Italienerhuhn vergleichbar. Die Henne legt 2-3 mal jährlich 8-12 Eier und wird vom Hahn bei der Wahl des Brutplatzes im Gestrüpp auf dem Erdboden unterstützt. Bankivahühner fühlen sich im trockenen Busch ebenso wohl wie im Regenwald, was ihre Domestikation erleichtert hat. Wichtig ist für sie immer eine ausreichende Möglichkeit der Deckung, Büsche und Sträucher, in die sie sich bei Gefahr zurückziehen können. Im Frühjahr erkämpfen sich die Hähne ein Revier mit 3-5 Hennen. Außerhalb der Brutzeit leben sie in großen Gemeinschaften zusammen, manchmal bis 50 Hühner beiderlei Geschlechts.

Das *Gabelschwanzhuhn* lebt im Dickicht der Täler von West-Java, wo es sich von Knospen, Sämereien und Insekten ernährt.

Das dem Bankivahuhn ähnelnde *Lafayettehuhn* aus Ceylon lebt ebenfalls im dichten Unterholz und brütet im Frühjahr auf einem Baumstumpf oder in dichtem Buschwerk.

Das *Sonneratshuhn* aus dem südlichen Vorderindien ist die seßhafteste der vier Wildhuhnrassen und ist daher am leichtesten zu zähmen.

Die Haltung des Huhns als Haustier ist durch Ausgrabungen und Funde in Indien bis ins 3. Jahrtausend vor unsrer Zeitrechnung zurückzuverfolgen. Im 2. Jahrtausend v. Chr. galt der Hahn im Zweistromland als geheiligtes und unverletzliches Tier.

Aus Ägypten, wo das Huhn zunächst zu den „unreinen" Tieren gerechnet wurde, ist bekannt, daß bereits 525 v. Chr. im größeren Umfang Hühnereier künstlich erbrütet worden sind. Zudem sind auch bei Schriftstellern aus dem 5. und 4. Jahrhundert v. Chr. Beschreibungen der Hühner, ihrer Lebensweisen und dem Ausbrüten von Eiern zu finden. Allerdings sind die hier als Anfänge der Domestikation erwähnten Haltungsformen nicht mit denen auf Bauernhöfen vergleichbar. Vielmehr ist wohl davon auszugehen, daß der Mensch dem Wildhuhn die Eier aus dem Nest nahm und das Fleisch zu schätzen lernte.

Die Zähmung und Nutzbarmachung und die Kreuzung von Wildhühnern mit bereits gezähmten Tieren führte langsam zu einer Verbreitung über Italien in das übrige Europa und zur Entstehung von immer mehr Hühnerarten.

Bereits im Mittelalter war die Hühnerhaltung recht verbreitet. Bis zum 30jährigen Krieg wurde in Dörfern und Städten Europas weitaus mehr Geflügel gehalten als es heute der Fall ist. Während des 30jährigen Krieges kam es zu einem zeitweisen Stillstand der Hühnerzucht und insbesondere der Rassegeflügelzucht.

Bei der modernen Geflügelzucht muß zwischen zwei Gruppen unterschieden werden:

die Nutzgeflügelzüchter und die Rassegeflügelzüchter. Die Haltungsformen beider Gruppen waren zunächst gleich, nämlich ein mehr oder weniger großer Auslauf. In den letzten Jahrzehnten haben die Nutzgeflügelzüchter ihre Hühner aus ökonomischen Gründen zunehmend in Käfige gesperrt, während die Tiere der Rassegeflügelzüchter immer noch im freien Auslauf leben dürfen.

Woher stammen die Puten?

Die Puten stammen von einer Unterart des Truthuhns (*Meleagris gallopavo*) ab, das den Süden des mexikanischen Hochlandes bewohnt. Bei den Truthühnern werden 2 Gattungen mit jeweils einer Art unterschieden:

1. Das *Truthuhn* (*Meleagris gallopavo*) wird bis zu 18 kg schwer (in Freiheit nur 11 kg),
2. das *Pfauentruthuhn* (*Agriocharis ocellata*), das aus den tropischen Niederungswäldern Südmexikos, dem Petén-Bezirk von Guatemala und Teilen von British-Honduras stammt.

Beide Truthuhnarten sind ausgesprochene Waldvögel. Sie leben lieber in lichten Wäldern, als in dichten, zugewachsenen Gebieten. Die Nahrung finden sie am Erdboden: Eicheln, Kastanien, Früchte und Beeren, Nüsse, Bucheckern und Getreide. Auch tierisches Futter (Insekten und Spinnen) nehmen sie gern auf. Im Winter holen sie ihr Futter von den Bäumen, können aber auch, eine Fastenwoche gut überstehen.

Im Gegensatz zu den Haustruthühnern werden sie erst mit 2 Jahren geschlechtsreif. Im Frühling lockt der Truthahn durch seine Balz die Hennen an einen bestimmten Ort. Das Balzverhalten des Truthahns ist sehr beeindruckend. Er spreizt das Obergefieder und richtet den ausgebreiteten Schwanz auf, so daß er größer wirkt. Er senkt die Flügel und läßt die Handschwingen über den Boden kreisen. Die nackten Kopfteile schwellen an und werden bunt. So stolziert er auf seinem Balzplatz herum und stößt schnaufende und dröhnende Rufe aus.

Wenn die Paarung stattgefunden hat, ist die Beziehung der Partner beendet. Gegenüber Konkurrenten geht der Truthahn sehr aggressiv vor. Sie werden von seinem Balzplatz gejagt und manchmal sogar getötet.

Die Pute ist Bodenbrüterin, polstert ihr Nest mit teilweise 20 Eiern gut aus und führt manchmal gemeinsam mit einer anderen Truthenne die Küken.

Zuerst sind die Küken flugunfähig. Im Alter von ca. 14 Tagen können sie aber bereits auf Bäume fliegen und übernachten dort auch unter dem Flügel der Glucke. So sind sie gut gegen die Nässe vom Boden geschützt, gegenüber der sie sehr empfindlich sind. Den Winter über bleiben die Jungtiere bei den Glucken, die mit anderen große Gruppen bilden.

Die geschlechtsreifen Hähne bilden während der kalten Jahreszeit ebenfalls größere Gruppen, die manchmal 100 Tiere umfassen. Beim tropischen Pfauentruthuhn dagegen bleiben die beiden Geschlechter nach der Brutzeit zusammen.

Schon vor langer Zeit wurde das Truthuhn von den indianischen Kulturvölkern zum Haustier gemacht. Nach der Entdeckung und Eroberung Amerikas brachten es die Spanier nach Europa.

Aufschlußreich sind die Unterschiede zwischen dem Haustruthuhn und der Wildart. Die Wildtruthühner haben ein schweres Gehirn, schwere Nebennieren und auch die Hirnanhangdrüse ist schwerer als bei der Haustierform. Sie sind daher lebhafter und wachsamer als die Hausputen und finden auch einen wesentlich sichereren Platz für ihr Nest. Der Haustierform ist eine Vielzahl überlebensnotwendiger Fähigkeiten verloren gegangen, so daß sie auf den Menschen angewiesen ist.

Herkunft der Hausenten

Enten kommen in allen Erdteilen vor, leben aber meist in kälteren und gemäßigten Klimazonen. Bekannt sind heute 105 verschiedene Entenarten, 19 davon in Mitteleuropa, davon 14 als Brutvögel. Enten ernähren sich von pflanzlicher und tierischer Nahrung.

Entsprechend ihrer Lebensweise kann unterschieden werden zwischen Schwimm-, Tauch- und Baumenten.

Die meisten hier als Hausenten gehaltenen Arten stammen von der *Stockente* ab, auch Wildente, März- oder Moosente genannt (*Anas pltyrhynchos*). Sie ist die größte der Wildenten (Erpel wird 1,5 kg, die Ente 1 kg schwer) und in Europa, Asien, Nordafrika und Nordamerika verbreitet. Ihre Brutgebiete sind in Bereichen bis zum 68. Grad nördlicher Breite. Sie kommt nicht selten in die Nähe der Höfe und paart sich dort auch mit Hausenten.

Domestiziert wurde sie zuerst in China, wo schon vor Jahrtausenden Enten ausgebrütet und aufgezogen worden sind. Unabhängig davon hielten aber auch die Menschen in Rom, Gallien und Germanien um die Zeitwende bereits Enten.

Bei den Ägyptern, Juden und Griechen zur Zeit Aristoteles war die Ente als Haustier unbekannt.

In den heute nordfranzösischen, niederländischen und norddeutschen Gebieten wurde die Ente etwas später zum Haustier als die Gans. Doch eine Bedeutung wie die Hühner- oder Gänsezucht konnte die Entenzucht nie erlangen. Zwar gelang es dem Menschen noch eher als beim Huhn, die Legeleistung auf 250 Eier jährlich zu steigern, doch ist der Verkauf von Enteneiern erschwert, da Enten manchmal Typhus-oder Parathyphuserreger über ihre Eier übertragen.

Im 18. und 19.Jahrhundert war die Entenhaltung noch verbreiteter als heute. Besonders auf den Höfen waren Enten geschätzt, da sie als parasitenresistent galten und die Hühnerausläufe frei von allen Parasiten hielten.

Viele der heute als Hausenten gehaltenen Arten sind Pekingenten amerikanischer Zuchtrichtung. Allerdings wird mittlerweile oft verdrängt von der Haustierform der Moschusente .

Die Moschusente (auch Warzen- oder Flugente genannt) wurde schon lange Zeit vor der Entdeckung Amerikas von den Indianern als Haustier gehalten. Mit den Spaniern gelangten diese Enten nach Europa. Auch im afrikanischen Raum wurde diese Entenart als Haustier gehalten. Sie ist heute vielfach bei den Züchtern beliebter als die Pekingente, weil sie widerstandsfähig ist, mehrmals im Jahr brütet, leicht zu halten ist und nicht so laut quakt wie die Pekingente.

Entwicklungsgeschichte der Hausgänse

Die meisten Hausgänse stammen von der *Graugans* (*anser anser*) ab, die sich auch heute häufig noch mit Hausgänsen paart. Einflüsse anderer Wildgänse auf die Entwicklung der Hausgans haben bei einzelnen Rassen jedoch auch eine gewisse Bedeutung:

— *Blaßgans* (Nordländer der Alten und Neuen Welt);
— *Schwanengans* (Verbreitung in Westsibirien bis zum Amur-Gebiet);
— *Nilgans* (Verbreitung in Afrika bis Syrien).

Die Domestikation der Graugans erfolgte schon in vorgeschichtlicher Zeit. Über ihre Anfänge gibt es keine genauen Angaben. Vermutlich war es in Südosteuropa, wo durch weite seenreiche Weideflächen für die Gänsezucht günstige Bedingungen herrschten.

Erleichtert wurde die Domestikation durch die leichte Prägbarkeit der Gössel, die Freßlust als Voraussetzung für die Mast und die Flugbehinderung durch den schweren Körperbau.

Intensivere Gänsezucht betrieben die Römer, bei denen ein Gänsebraten sehr beliebt war. Auch die Federn wurden schon in der Frühzeit Roms als Füllung für Polster und Kissen verwendet. Man nimmt auf Grund von Ausgrabungen an, daß bereits 6 000-5 000 v. Chr. Gänse als Haustiere gehalten wurden.

Bekannt ist auch die Geschichte aus dem Jahre 390 v. Chr., wonach Gänse die Römer mit ihrem Geschrei vor dem nächtlichen Angriff der Gallier auf das Kapitol warnten. Seitdem gelten Gänse als Symbol der Wachsamkeit.

Über die Stellung der Gans in Ägypten ist durch Ausgrabungen und Kunstdokumente relativ viel bekannt. Im kleinasiatischen Teil Griechenlands wurde die Gans als Fruchtbarkeitssymbol verehrt. Im Altertum galt sie als sehr klug und intelligent. So muß das Schimpfwort „dumme Gans" ein Produkt unserer Zeit sein, in der kaum jemand die Bekanntschaft von Gänsen gemacht hat.

Der römische Schriftsteller Plinius der Ältere (23-79 n. Chr.) schreibt, daß große Herden weißer und graugescheckter Gänse von Nordgermanien über die Alpen nach Rom getrieben wurden, wo schon damals die Fettlebermast und das Stopfen der Gänse bekannt waren.

Durch kaiserliche Verordnungen zu Zeiten Karl des Großen, wonach eine Mindestzahl an Gänsen auf den Gütern und Höfen gehalten werden sollte, erhielt die Gänsezucht großen Auftrieb.

Die Gänse wurden damals auf die Weide gebracht und gehütet. Die Gemeinden stellten hierfür Weiden zur Verfügung, die noch heute in einigen Orten als Anger bekannt sind.

Durch den 30jährigen Krieg kam die Gänsehaltung fast völlig zum Stillstand und erlangte auch nie wieder die einstige Bedeutung.

Die Regulierung von Bächen, die Zerstörung der Moore, die Einführung der Dreifelderwirtschaft mit dem Verschwinden der Brachländereien haben der Gänsehaltung und -zucht weitgehend die Grundlagen entzogen. Heute gibt es fast nirgends mehr Land, das ausschließlich für die Gänsehaltung vorgesehen ist. Die Gans teilt das Schicksal des Schafes. Die fortschreitende Intensivierung der Landwirtschaft hat ihr zunehmend den Lebensraum entzogen.

Der Kauf

Wo und wie kaufe ich mein Geflügel?

Wer sich nun für eine oder mehrere Arten des Federviehs entschieden hat, die sich in dem vorhandenen Stall und Auslauf wohlfühlen können, muß sich um den Kauf der Tiere kümmern. Ist es günstiger, Jungtiere zu kaufen, sich um Eintagsküken zu bemühen oder sich vielleicht ein brütendes Tier mit Bruteiern zu bestellen?

Der günstigste Zeitpunkt, um neu mit der Geflügelhaltung zu beginnen, ist im allgemeinen im Frühjahr. Die Möglichkeiten der Anschaffung sind dann am besten, das ,,Angebot" am größten, und auch die Haltung selbst ist einfacher als im Winter. Zudem sind für den Menschen die Berührungspunkte mit den Tieren im Alltag im Frühling und Sommer intensiver, da er dann selbst mehr im Freien lebt.

Im Frühjahr werden auf den Wochenmärkten oft Junghennen, die kurz vor der Legeperiode stehen, Eintagsküken für die Mast und Enten- und Gänseküken angeboten. Nur Putenküken sind vielleicht etwas seltener zu finden. Im Branchenverzeichnis sind Geflügelzuchtbetriebe zu finden, die weiterhelfen können, wenn einige Arten nicht zu bekommen sind. Durch manche Dörfer fahren auch Wagen der Vermehrungszuchtbetriebe, voll beladen mit Hühnern und manchmal auch Enten, Gänsen und Puten, die die Tiere frei Haus liefern. Wer gerade erst neu zugezogen ist, kann sich bei den Geflügelhaltern unter den Nachbarn erkundigen, die bestimmt gern weiterhelfen.

Wer reinrassige Tiere haben möchte, ist allerdings auf dem Markt oder bei den Vermehrungsbetrieben an der falschen Stelle. Die Hühner, die dort verkauft werden, sind Hybridtiere aus der Intensivhaltung, die das Licht der Welt nicht etwa unter dem flauschig warmen Gluckenkörper, sondern im sogenannten Schlupfbrüter, einer riesigen Brutmaschine, erblickten. Ihre ,,Glucke" ist eine Wärmequelle in einer modernen, klimatisierten Aufzuchtstation.

Von den ebenfalls künstlich erbrüteten Puten werden Küken einiger Kreuzungen für die Mast zu bekommen sein. Bei den Gösseln sind einige Landschläge oder bestimmte Einkreuzungen erhältlich, die sehr schwer werden können. Häufig sind dort auch Peking-Enten, Warzen-Enten oder Kreuzungen zwischen Peking- und Warzen-Enten zu erhalten.

Doch wenn Rassetiere gekauft werden sollen, ist es sinnvoller, dies bei einem privaten Züchter zu tun. Der damit verbundene Kontakt zu erfahrenen Züchtern — wenngleich auch manchmal infolge unterschiedlicher Ziele und Anschauungen etwas anstrengend und problematisch — kann sehr hilfreich sein. Die Tiere werden dort noch eher artgerecht gehalten und vielleicht kann sogar der Wunsch, Tiere aus Naturbrut zu bekommen, erfüllt werden.

In den recht umfangreichen Anzeigenteilen der Zeitschriften *Geflügelbörse* oder dem *Deutschen Kleintierzüchter*, Ausgabe *Geflügel* (s.Literatur) sind sehr viele Angebote von Züchtern zu finden, die Jung- und Alttiere, Küken und Bruteier und sogar brütende Tiere verkaufen wollen und nach telefonischer Bestellung dann per Expressgut mit der Bahn zuschicken. Das Verschicken lebender Tiere mit der Bundesbahn klappt meiner Erfahrung nach recht gut. Sobald die Tiere angekommen sind, ruft die Bahn an. Die Tiere werden in stabilen Kartons mit Luftlöchern und an der Oberseite befindlichen Leisten, damit kein anderes Paket direkt auf diesen Kartons steht und die Luft wegnimmt, verpackt und mit großen Buchstaben ,,Achtung lebende Tiere" beschriftet.

Aber auch auf Geflügelausstellungen und insbesondere Junggeflügelschauen (auf Hinweise in der örtlichen Presse achten) können die verschiedenen Rassen bestaunt und oft gekauft werden. Dort sind Anschriften der Züchter zu erfahren, von denen vielleicht auch nach der Ausstellung Tiere, Bruteier oder eine Glucke mit Bruteiern gekauft werden können.

Kauf eines brütenden Tieres

Ich war ganz verwundert, als ich das erste Mal in einer Anzeige von dem Angebot einer Glucke mit und ohne Bruteiern und sogar von einer Glucke mit Eintagsküken las und noch erstaunter war ich über die erlebte Bestellung.

Aufgeregt holte ich eine dicke weiße Glucke vom Bahnhof ab, der 14 nicht bestellte Eintagshähnchen beigesetzt waren, damit sie unterwegs nicht von der Brut abgelenkt wird. Da saß ich dann mit den Hähnchen, die keiner wollte, denn die Glucke sollte bei mir brüten und nicht Hähnchen führen.

Wer zum Einstieg bei der Gründung eines Hühnervolkes mit einer Glucke beginnt, sollte bedenken, daß aus den maximal 15 Eiern, die einer mittelschweren Henne untergelegt werden, nur in den seltensten Fällen 15 Küken schlüpfen und auch bei der Aufzucht mit Verlusten zu rechnen ist. Da in der Regel über 50 % der geschlüpften Küken Hähnchen sind, ist ein Ergebnis von 4-5 Legehennen je Schlupf nicht ungewöhnlich.

Eine führende Glucke mit nach Geschlecht sortierten Eintagsküken ist recht schwer zu bekommen, da sich nur größere Betriebe jemanden leisten können, der die Unterscheidung vornimmt, doch gerade die größeren Betriebe züchten in der Regel Hybridtiere. Wer sich für den Kauf einer Glucke mit Bruteiern oder mit Eintagsküken, entscheidet, muß sich darüber im Klaren sein, daß die Hähne spätestens im Alter von 6 Monaten aus der Hühnerherde verschwinden müssen, da sie den Hühnern in so großer Anzahl nicht zugemutet werden können. Und es ist auch schwierig, mehrere Gockel lebend zu verschenken oder gar zu verkaufen.

Die Hühnerhaltung mit einer brütenden und führenden Glucke zu beginnen, ist ein Erlebnis, das sicher nicht ohne Einfluß auf die Einstellung zu den Tieren bleiben wird. Die Beobachtung meiner ersten Glucke hat mich die Hühner, die als ,,dumme Wesen" verschrien sind, achten gelehrt. Mit welcher Konsequenz, welchem Mut die Glucke ihre Küken bewacht und verteidigt, die Intensität ihres so zärtlich erscheinenden Verhaltens und ihre Rücksichtnahme sind schon sehr beeindruckend. Zudem ist es sinnvoll, den zukünftigen Legehennen von Anfang an ein ihrer Art entsprechendes Leben zu ermöglichen.

Wenn auch nur selten, werden doch ab und zu führende Gänse, Enten und Puten mit Küken angeboten. Private Züchter, die Enten und Gänse oder Puten in kleinem Umfang züchten, werden mit sehr großer Wahrscheinlichkeit froh sein, wenn diese selbst brüten und sie daher nicht abgeben wollen.

Wer bei den Vereinigungen der Rassegeflügelzüchter anfragt, kann vielleicht Glück haben und die Anschrift eines Züchters bekommen, der führende Tiere mit Küken abgibt. Bemühungen um brütende Enten oder Gänse erscheinen mir allerdings recht problematisch. Insbesondere die sehr sensiblen Gänse akzeptieren nur selten eine Veränderung und eine Verlagerung des Brutnestes schon im gleichen Stall und beenden unter Umständen die Brut vorzeitig. Außerdem muß die Trennung von ihrem Ganter, der so wichtige Aufgaben des Schützens und Bewachens von Nest und Brutgans übernimmt, als unzumutbare Belastung für sie abgelehnt werden.

Der Kauf von Küken

Wer ein brütendes Tier auf dem Nest sitzen hat, kann einfach zu dem errechneten Schlupftermin (und bis zu 3 Tage später) noch ein paar Eintagsküken derselben Art vorbestellen und diese dem Bruttier unterschmuggeln, denn meist können mehr Küken ‚gehudert', das heißt, unter den Flügeln geschützt, und geführt werden, als Eier zur Brut untergelegt werden können.

Alle hier besprochenen Geflügelarten können ohne große Schwierigkeiten 20 Küken der eigenen Art betreuen. Voraussetzung dafür, daß alles gut klappt, daß die Küken ihre „Mutter" und das brütende Tier die Küken als die Ihren anerkennt, ist, daß sie möglichst gerade geschlüpft, direkt aus dem Brutschrank gekauft werden. Falls das nicht möglich sein sollte, muß man unbedingt darauf achten, daß der Eizahn an der Schnabelspitze noch nicht abgefallen ist. Abends geholt und ganz schnell nach Hause gebracht, lassen sie sich im Dunkeln am einfachsten unter das Bruttier bringen. Aber jegliches Anfassen oder gar Ansprechen dieser Wollbällchen ist völlig falsch. Was bei Hühner- und Entenküken vielleicht noch ohne größeren Schaden abgeht, ist bei Puten- oder gar Gänseküken ein unverzeihlicher Fehler. Die so prägefähigen Gössel, die das erste Lebewesen, das sie in ihrem Leben freundlich begrüßt, als Muttertier anerkennen wollen, können so sehr frustriert werden und dann vielleicht die für sie vorgesehene Gans als „Mutter" nicht mehr akzeptieren.

In jedem Fall ist die Anschaffung einer Rotlichtlampe empfehlenswert. Manchmal ist es nachts noch sehr kalt oder einige der Küken wollen zu Anfang nicht unter die neue „Mutter" kriechen (eine große 150 Watt-Rotlichtlampe kostet ca. 10,- bis 15,- DM, mit Gestell ca. 50,- DM).

Ich kann den Kauf von so jungen Küken nur bei Vorhandensein eines brütenden Tieres empfehlen und werde daher auch nicht auf die künstliche Aufzucht ohne ,,Muttertier" eingehen.

Der Kauf von Jungtieren

Eine andere Möglichkeit, zu Federvieh zu kommen, ist der Kauf von fast ausgewachsenen Jungtieren (3-7 Monate), der zunächst etwas teurer ist, jedoch den Vorteil hat, daß kaum noch mit Verlusten zu rechnen ist. Mit zunehmendem Alter werden Krankheiten und Unglücksfälle mit tödlichem Ausgang seltener und der Arbeitsaufwand etwas geringer.

Wer vom Rassegeflügelzüchter kaufen möchte, muß sich mit dem Kauf bis zum Spätsommer oder Herbst gedulden. Die größeren Vermehrungsbetriebe hingegen bieten fast das ganze Jahr hindurch Jungtiere, insbesondere legereife Hybridhennen an, vermehren sie jedoch jahreszeiten-unabhängig ausschließlich im Brutschrank.

Bei Puten ist der Kauf in einem Alter von ca. 2, möglichst 3 Monaten deswegen sinnvoll, da dann die Gefahr der Erkrankung an der Schwarzkopfkrankheit (Blackhead), die verstärkt bei Putenküken in deren 4.-14. Lebenswoche auftritt (siehe auch Aufzuchtkrankheiten, S. 122) nicht mehr so groß ist.

Gänse sollten ebenfalls am Beginn des 3. Lebensmonats stehen, wenn ihnen die Magenwurmseuche, die häufigste Aufzuchtkrankheit mit tödlichem Ausgang für die Gänse, nicht mehr zum Verhängnis werden kann.

Enten können schon wesentlich früher gekauft werden, sie gelten allgemein als sehr robust und leicht aufziehbar. Ist es nachts nicht mehr so kalt und die nächtliche Unterkunft zugfrei und trocken, ist der Kauf schon im Alter von 3 Wochen empfehlenswert. Zur Not kann eine Rotlichtlampe für die Nacht benutzt werden.

Merkmale zur Beurteilung der Tiere

Wer gleich im Frühjahr Hühner haben möchte, die bereits legen und aus artgerechter Haltung stammen, muß schon ein bißchen länger suchen und darauf achten, daß ihm keine alten Hennen verkauft werden. Gute Jungtiere vom Vorjahr werden nämlich im Frühjahr zur Superlegezeit ungern abgegeben.

Grundsätzlich sollten Tiere aus Frühbruten (Ende März-Mitte Mai) bevorzugt werden, da sie besser gedeihen, robuster und vitaler sind als Tiere aus Spätbruten (Mitte Juni und später), die auf Grund der veränderten Tageslänge, des Futterangebotes auf der Weide und absinkender Temperaturen, wenn sie noch nicht ausgewachsen sind, selten das ihrer Art entsprechende Gewicht erreichen werden und meist etwas in der Entwicklung zurückbleiben.

Die Mehrzahl der Rassegeflügelzüchter bringt die Hennen im Jungalter (später sind die geschlossenen Ringe mit eingraviertem Schlupfjahr nicht mehr über die Füße zu bekommen) mit Ringen des Bundes Deutscher Rassegeflügelzüchter (BDRG) auf den Markt.

Im folgenden ein paar Hinweise, an welchen Merkmalen eine gute Legehenne zu erkennen ist, falls die Tiere nicht beringt sind. Für den Anfänger, dem jegliche Erfahrungen fehlen, wird es dennoch sehr schwer sein, die neuen Hennen zu beurteilen.

Die aufgeführten Merkmale einer guten Legehenne sind übrigens nur während der Legeperiode festzustellen. Mausert das Huhn (im Herbst) oder führt es Küken, bilden sich die Merkmale zurück und das Huhn kann fälschlicherweise als schlechte Legerin eingeschätzt werden.

	Merkmale einer gut legenden Henne	**Merkmale einer nicht oder weniger gut legenden Henne**
Gesicht	Rot und unbefiedert, hennenartig und gutmütig erscheinend	Fett, runzelig, blaß, etwas befiedert
Schnabel	Kurz und kräftig	Gelber, pigmentierter langer Schnabel
Augen	Leicht hervorstehend, lebhaft, glänzend, klar und leuchtend	Matt, schläfrig und tief im Schädel liegend; Blaugraue bis grünliche Augenfarbe mit unscharfer oder gezackter Pupille läßt an Krankheiten (Marekscke Hühnerlähme) denken
Kamm, Kehllappen	Leuchtend roter, sehr gut entwickelter und elastischer Kamm und Kehllappen, fein strukturiert	Kamm und Kehllappen geschrumpft, evtl. von grauroter Farbe läßt auf Erlöschen der Eierstocktätigkeit schließen
Gefieder	Glatt und glänzend, sauber; kurze und schnelle Mauser	Stumpfes, struppiges Gefieder, evtl. auch verschmutzt, läßt auf Unwohlsein und damit verbundenem Nachlassen der Legetätigkeit schließen; verkotetes Gefieder am Hinterteil kann durch Erkrankung der Legeorgane oder Verwurmung verursacht sein; zu frühe, lange Mauser
Legebeine	Dünn, elastisch, mit breitem Abstand (3 Fingerbreiten), kein Fettansatz	Geringer Abstand (2 Fingerbreiten) deutet auf schlechte Legeleistung, Fettansatz nur vor Legebeginn und nach der Mauser

	Merkmale einer gut legenden Henne (Fortsetzung)	Merkmale einer nicht oder weniger gut legenden Henne
Legebauch	Weich, groß und geräumig	
Pigmentation	Rassen, die gelbes Pigment bilden (Weiße Leghorn, Legehybriden (braun), Italiener) sollen als Küken und Jungtiere gelbe Schnäbel und Beine haben; zu Beginn der Legetätigkeit schwindet das gelbe Pigment zuerst am After, dann an den Augenlidern, den Ohrscheiben, dem Schnabel und zuletzt an den Beinen; in derselben Reihenfolge kehrt das Pigment während der Legepause wieder; die gelbe Farbe entsteht durch Ablagerung von Fett, das Xanthophyll enthält, das durch die Eiproduktion mehr oder weniger stark in Anspruch genommen wird. Nicht legende Hennen und Junghähne haben als Zeichen guter Gesundheit eine kräftig gelbe Beinfarbe; eine ständig fortschreitende Depigmentation spricht für baldigen Legebeginn	Hennen, die im Juli noch gelbe Beine haben, sind meist schlechte Legerinnen; zu berücksichtigen ist dabei jedoch, daß ältere Hennen eine größere Fettreserve haben und somit auch mehr Xanthophyll als Jungtiere; Hennen, die während der Legeperiode völlig pigmentiert sind, legen mit Sicherheit nicht
After	Großer, feuchter, ausgebleichter, hellrosa After in flauschig sauberem Federkleid; kurz vor Beginn der Legetätigkeit beginnt die Haut um den zunächst noch kleinen After auszubleichen	Kleiner, trockener, pigmentierter After
Wesen	Lebhaft, neugierig, gute Futtersucherin, die früh von der Stange und spät abends auf die Stange geht, weit ausschwärmt, aufmerksam, zahm ohne sich jedoch greifen zu lassen, leichten Regen scheut sie nicht	Langsam, steht viel im Stall oder draußen rum, geht spät von der Stange und früh wieder auf die Stange, strahlt wenig Energie und Lebenskraft im Verhalten aus

Körperbau einer Legehenne

Alterserkennungen bei Hennen an der Länge des Sporns (bei leichten Rassen)	
kleine Spitze	6 Monate
etwas länger	1 Jahr
2-2,5 cm	2 Jahre
länger als2,5 cm	3 Jahre

Für alle, die eine erwachsene gute Zuchtente kaufen möchten, hier einige Hinweise, auf welche Merkmale beim Kauf unbedingt geachtet werden muß (trifft auf leichte und schwere Entenrassen gleichermaßen zu):

	Merkmale einer gesunden, zur Zucht geeigneten Ente	**Merkmale einer Ente, die für für die Zucht nicht geeignet scheint**
Verhalten	Lebenskraft ausstrahlend, immer in Bewegung und auf Futtersuche	Erscheint etwas schläfrig, hockt viel rum, seltener in Bewegung und auf Futtersuche
Schabel	Schnabel ist am Ende der Legeperiode bläßlich und bildet eine gerade Linie mit der Oberseite des Kopfes	Gelber Schabel, besonders an der Spitze
Füße		Gelb
Hals	Lang und dünn	Kurz und dick
Augen	Weit geöffnete Augen, die nahe der Schädeldecke stehen und voller Leben, Interesse und Neugier in die Welt blicken	Sitzen tief im Kopf und sind nicht ganz geöffnet; müder Blick
Kopf	Feiner Kopf mit dünnen Knochen und nicht zu schmal	Erscheint dick und fleischig
Gefieder	Anliegendes und glattes Gefieder, das ein bißchen abgenutzt erscheint	Gefieder liegt nicht gut am Körper an, bleibt nach dem Baden noch lange naß, was auf mangelnde Lebenskraft schließen läßt
Mauser	Enten mausern zweimal jährlich im Sommer und Herbst (Erpel früher als Enten); die Peking-Ente ist eine Ausnahme, die alle 8-10 Wochen mausert	Enten, die zu früh mausern, gelten als schlechte Legerinnen

Preisbeispiele

Um eine Einschätzung der Kosten des Geflügelkaufs zu ermöglichen zum Schluß noch einige Preisbeispiele von Hybrid- und Rassetieren (Stand 1984). Rassegeflügel ist wesentlich teurer als die Hybridtiere der Großbetriebe.

Preise für	Hühner	Enten	Gänse	Puten
Bruteier je Ei	0,30 DM	0,50 DM	3,- DM	3,- DM
Glucke bzw. Bruttier	20,- DM; mit 25 Hennenküken: 50,-; mit 20 Küken (unsortiert): 32,-; mit 25 Hähnchen 22,-	Z. B. Flugente mit 12 Küken: 62,- oder mit 20 Küken: 85,-; Brutente: 20,-	Führende Gans mit 10 Gösseln: 80,- bis 100,-; Führende Gans mit 15 Gösseln: 130,- bis 170,-	70,- DM
Eintagsküken	Von Rassegeflügel, unsortiert: 3,50 bis 10,-; Hybridhennenküken: 2,20; Hybridhahnenküken: 0,20; Hennenküken einiger Rassen: 5,80 bis 6,50 DM	Private Züchter verlangen manchmal 3,- bis 5,-für Rasse-Entenküken, die 1 Tag alt sind	Kreuzungsgössel vom Großbetrieb: 5,50-6,50 DM ; vom Rassegeflügelzüchter wesentlich teurer	ca. 6,- bis 7,-DM
Küken	Hybridhennen: 4 Wochen: 4,- 8 Wochen: 6,-; 8. bis 12. Woche: 11,- bis 13,-; Mastküken: 3-5,- Wochen: 2-3,-	Warzenenten: 2-3 Wochen: 3,50; Peking-Enten: 2-4 Wochen: 2,- bis 3,70; Warzen-Enten: 4-5Wochen: 4,- bis 6,-	Vom Großbetrieb 2 Wochen: 7,-bis 12,- DM; 4 Wochen: 8,- bis 15,-; 6 Wochen: 10,- und mehr; vom Rassegeflügelzüchter: 1 Woche: 12,- bis 30,-;2 Wochen: 15,-bis 40,-; 5 Wochen: 25,- bis 50,-	vom Großbetrieb (kanadische Breitbrust) 3-4 Wochen 8,-; 8 Wochen 5,50;10 Wochen 12,- DM
Jungtiere (bis 1 Jahr)	Hybriden (legereif) 9,-; (Legebeginn) 11,-; Rassehühner vom Züchter: 20,- bis 50,- DM	Warzenente: 20,- bis 50,-; Sachsen-Ente: 50,- bis 70,- Streicherente: 30,- Campbellente: 40,- DM	Höckergänse: 30,- bis 100,-; Pommern-Gans: 100,- bis 120,-; Kreuzungstier: ca. 40,- bis 50,- DM	Schwankt zwischen 35,- und 100,- DM
Alttiere	Rassehühner kosten zwischen 10,- und 30,-, je nach Ausstellungserfolg des Züchters	Zuchtpaar (Sachsen-Ente): 80,-; Erpel (Sachsen-Ente): 40,- bis 50,- Ente (Warzenente): 15,- DM	Sehr verschieden, die teuerste Rasse, die Toulouser, kosten im Alter von 3 Jahren noch 80,-; 40,-bis 50,- für ein 3 jähriges Tier sind nicht unüblich	Bronzepute: 35,-; Hahn: 20,- bis 50,- manchmal 80,- bis 100,-DM

Die Fütterung

Der Lebensraum

Voraussetzung für eine artgerechte Geflügelhaltung, die für die Tiere ebenso befriedigend ist, wie für die Menschen, ist die Schaffung, Pflege und Erhaltung eines Lebensraumes, in dem sich die Tiere wohl fühlen, der an dem ihrer frei lebenden Artgenossen orientiert ist. Da es nun unter natürlichen Bedingungen nicht vorkommt, daß Tiere in so großer Anzahl und von unterschiedlicher Art standorttreu zusammenleben, wie es bei der Haustierhaltung der Fall ist, kommt der Pflege und Erhaltung des Lebensraumes eine besondere Bedeutung zu.

Dabei sind insbesondere auch hygienische Aspekte wichtig. Sauberkeit im Stall, Pflege der Ausläufe und eine ausgewogene, vielseitige Fütterung sind eine unerläßliche Voraussetzung für Gesundheit, Wohlbefinden und Widerstandskraft des Federviehs.

Artgerechte Haltung verlangt, daß die Faktoren Futter, Stall und Auslauf aufeinander abgestimmt sind. Diese drei, den Lebensraum bestimmenden Aspekte bedingen und ergänzen sich wechselseitig.

Zunächst soll hier auf die Fütterung eingegangen werden, in den nächsten beiden Kapiteln werden Stall und Auslauf besprochen.

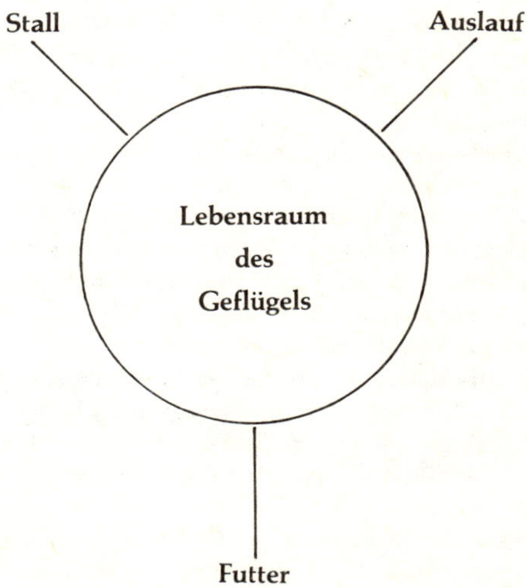

Die Auswahl des Futters

Der Zusammenhang von Stall, Auslauf und Futter läßt sich am Beispiel der Fütterung relativ leicht verdeutlichen. Tiere, die unter Bedingungen leben müssen, die ihrer Art in keiner Weise entsprechen, also zum Beispiel ausschließlich im Stall, finden dort auch nicht das Futter vor, daß ihrer natürlichen Ernährung entsprechen würde. Folglich muß das Futter der intensiv gehaltenen Tiere exakt berechnet und zusammengemischt werden. Nichts darf fehlen, da sonst lebensbedrohliche Mangelerscheinungen auftreten können. Schließlich sind diese Tiere völlig abhängig vom Nahrungsangebot aus dem Futtertopf.

Die Tiere hingegen, die einen Auslauf haben, können sich einen Teil lebensnotwendiger Nahrung selbst suchen, oder der Mensch kann versuchen, das Futter an das Freifutter der Weide anzupassen.Dem Futter von intensiv im Stall gehaltenen Tieren hingegen müssen neben den erforderlichen Nährstoffen, Vitaminen und Mineralstoffen noch viele Zusatzstoffe und Medikamente zur Wachstums- und Leistungssteigerung und vorbeugend zur Abwehr bestimmter Krankheiten beigemengt werden. Die Zusammenmischung des Futters für die einzelnen Arten ist heute so kompliziert geworden, daß ein ganzer Industriezweig damit beschäftigt ist.

Wenn die Intensivhaltung heute nicht mehr ohne medikamentös angereichertes Futter auskommen kann, heißt das noch lange nicht, daß artgerecht gehaltenes Geflügel diese Zusatzstoffe und Medikamente im Futter ebenso bedarf oder ohne diese nicht mehr denkbar ist.

Wer auf die Verfütterung von Zusatzstoffen und Medikamenten verzichten möchte und in den Verkaufsräumen des Landhandels nun ein fertig gemischtes Futter für seine Puten, Hühnerküken oder Legehennen kaufen möchte, der riecht gleich, welche Art Futter hier dominiert.

Für jede Art in jeder Altersstufe und zu jedem Verwendungszweck gibt es ein exakt zusammengemischtes Futter in Mehlform oder auch gepreßt in schnabelgerechten Pellets. All dies mit genauen Angaben über den Anteil der einzelnen Futter- und Zusatzstoffe, die Haltbarkeit der einzelnen Vitamine und Medikamente nach futtermittelrechtlichen Vorschriften. Fehler in der Fütterung, die Vitaminmangelerscheinungen oder eine zu geringe Gewichtszunahme oder unbefriedigende Legeleistungen der Hennen verursachen könnten, sind somit fast ausgeschlossen.

Zwar sind die Inhaltsstoffe detailliert angegeben, doch Auskunft über die Herstellung, Verfahren und Verarbeitungsprozesse sind leider nur schwer oder gar nicht zu erhalten. Nach meiner Erfahrung verschicken die Firmen darüber kein Informationsmaterial. So bin ich lieber vorsichtig und vermeide die Verfütterung von Handelsmischfutter.

Wer auf die Verfütterung von Zusatzstoffen und Medikamenten beispielsweise in der Kükenfütterung verzichten möchte, wird kaum ein passendes Fertigfutter bekommen. Ich habe bisher keinen Hersteller ausfindig machen können, der auf Coccidiostatica bei der Hühnerkükenfütterung und Histomoniastatica im Putenkükenfutter verzichtet.

Eventuelle wachstumshemmende Wirkungen werden dabei in Kauf genommen. Die in der Kükenaufzucht sehr große Verluste verursachende Blinddarmkokzidiose (auch als Rote Kükenruhr bekannt) ist für eine artgerechte Aufzucht mit einer Glucke im freien Auslauf jedoch nicht von so großer Bedeutung, wie für die moderne Massenaufzucht, da die Küken wesentlich robuster und weniger anfällig gegenüber Krankheiten sind. So ist auch die Gefahr durch den Erreger der Schwarzkopfkrankheit für Putenküken nicht so groß, wie bei der Massenaufzucht von Putenküken, so daß auf Histomoniastatica (Amöbostatica) wohl verzichtet werden kann.

Und was die Mischung des Eiweißanteils für die Legehennen oder Masthennen betrifft, sollte sich niemand der Illusion hingeben, daß in seinem Legemehl kein Fischmehl, kein Tierkadavermehl oder ähnliches enthalten ist.

Die Verwertung von Abfällen industrieller Nahrungsmittelherstellung soll hier nicht abgelehnt werden. Und auch die Angst vor Krankheiten, die über das Knochen- oder Fleischmehl der Abdeckereien übertragen werden, ist unberechtigt, da diese Betriebe Verfahren anwenden, die alle Keime abtöten. Entscheidend ist vielmehr eine Gefahr, die durch den Zusatz chemischer Stoffe droht, die für eine zufriedenstellende und nährstoffschonende Verarbeitung erforderlich sind.

Grundsätzlich nämlich ist das so oft verteufelte Fischmehl im Geflügelfutter nicht abzulehnen. Wird eine bestimmte Menge dabei nicht überschritten, kann der Geschmack der Eier nicht darunter leiden. Nur wenn das Fett im Fischmehl ranzig geworden ist — und das kommt bei Fischmehl leider recht schnell vor — kann dieser unangenehme Beigeschmack auftreten.

Wer Hühner und Puten, Enten und Gänse in einem Auslauf hält, der gut bewachsen ist und eine vielseitige Mischung feiner Gräser bietet, ist auch nicht auf einen Zusatz synthetischer Vitamine und auf hohe Eiweißgaben angewiesen.

Je größer der Auslauf, umso eher ist auch bei Legehennen eine zusätzliche Eiweißfütterung zumindest im Frühjahr und im Sommer überflüssig. Der Geschmack der Eier und das Wohlbefinden der Tiere bestätigen diese Annahme.

Die Bedeutung des Auslaufs für die Gesundheit des Geflügels zeigt auch ein wissenschaftlicher Vergleich zwischen Hühnern, die auf Draht aufgezogen wurden und Vitaminpräparate bekamen, und solchen, die im Auslauf lebten. Wenngleich im Gewicht kein Unterschied bestand, so war doch das Gefieder der im Auslauf lebenden Tiere glatter und glänzender als das der auf Draht lebenden Tiere. Und schließlich ist das Gefieder ein nicht unbedeutender, allgemein anerkannter Indikator für das Wohlbefinden von Hühnern.

Es wird immer wieder darauf hingewiesen, wie unzuverlässig das Futter im Auslauf tatsächlich sei. Die Eiweißträger (Insekten, Würmer, Larven) und Grünfutter als Träger vor allem von Vitamin A, E, C, B sind nie in täglich gleichem Verhältnis vorhanden, wie es im handelsüblichen Mischfutter garantiert wird. Dem ist nun entgegenzuhalten, daß eventuelle Schwankungen von gesunden und starken Tieren, die so leben, wie es ihrer Art entspricht, immer ausgeglichen werden können. Auch wenn sie ein paar Eier weniger legen, so ist doch die Qualität ihrer Produkte in jeder Beziehung für den menschlichen Genuß günstiger, da sie weniger Rückstände beinhalten.

Gerade für die Gänse ist die Weide eine wesentliche Futterquelle und wenn keine Weide vorhanden ist, sollten besser keine Gänse gehalten werden.

Aber auch Hühner und Puten, natürlich auch die Enten decken ihren Grünfutter- und Eiweißbedarf von Frühjahr bis in den Herbst hinein auf der Weide. Umso ausgeglichener und vielseitiger der Bewuchs einer Weide, umso reichhaltiger und vielseitiger wird schließlich auch das Angebot an Insekten dort sein, die hier als tierisches Eiweißfutter des Federviehs (Gänse als Vegetarier natürlich ausgenommen) dienen.

Als Hinweis eine Übersicht über den Nährstoffgehalt einiger häufig vorkommender Insekten sowie von Weidegras:

Nährstoffgehalt von Insekten

	Eiweiß	Fett	Wasser
Kadaverfliege	16,25 %	14,07 %	60 %
Regenwurm	14,30 %	1,57 %	77,27 %
Ameisenpuppe	45,95 %	8,65 %	14 %

(Quelle: Groebbels bei Juhre,1949)

Nährstoffgehalt von frischem Weidegras
(Trockensubstanz = 23 %)

Rohprotein	5,06 %
Fett	0,94 %
Stickstoff-freie Stoffe	8,37 %
Rohfaser	5,98 %
Asche	2,64 %

(Quelle: Fangauf bei Juhre 1949):

Das Freifutter des Auslaufs, daß sich die Tiere selber suchen, ist für das Geflügel sehr wertvoll. Es wirkt sich positiv auf ihr Wohlbefinden und auf den Geschmack der Eier und ihres Fleisches aus und trägt zur Entwicklung von Widerstandskraft, und Gesundheit bei. Diese Art der Nahrungsaufnahme entspricht den natürlichen Gewohnheiten ihrer Art, für die sie auch ihre Fähigkeiten (z. B. die gute Sehkraft) einsetzen können.

Nun gibt es auch Berechnungen zur Futterersparnis durch einen guten Grasauslauf, allerdings vorwiegend für Hühner. Die Ergebnisse sind sehr unterschiedlich. Sie kommen bei völligem Verzicht auf eine zusätzliche Eiweißgabe im Sommer zu Ergebnissen von 20 bis 120 qm erforderlicher Auslaufgröße je Huhn (entscheidend ist natürlich auch die Qualität des Bewuchses). Auch die Angaben zur Einsparung von Eiweißfutter variieren zwischen 50 % Rückgang des Eiweißbedarfs im Sommer und einer Einsparung von Futter insgesamt im Sommer von ca. 10 %.

Was soll an zusätzlichem Futter gegeben werden?

Ich möchte hier keine absoluten Futteranweisungen geben, sondern betonen, daß jeder Möglichkeiten suchen kann, Futtermischungen selbst zusammenzustellen, die darauf abzielen, Teile des Futters aus dem eigenen Garten mit einzubeziehen oder einen Teil des Futter zumindest aus dem Anbau der näheren Umgebung günstig zu bekommen.

Auf Grund der unterschiedlichen Bodenverhältnisse und Gegebenheiten können auch keine allgemeingültigen Anweisungen gegeben werden. So empfiehlt sich in Gegenden, wo Kartoffeln angebaut werden, die Einbeziehung der Kartoffel ins Weichfutter, da Futterkartoffeln von entsprechenden Großbetrieben für 2,- bis 4,- DM je Zentner abgegeben werden. Und Mais kann nach der maschinellen Ernte von Hand vom Feld nachgeerntet werden, natürlich nach vorheriger Absprache mit dem Bauern. Sind in der Gegend keine Futterkartoffeln zu bekommen, ist Verfütterung von teuren Speisekartoffeln an die Tiere wenig sinnvoll.

Natürlich ist für viele die Futtermischung und insbesondere die Weichfutterherstellung sehr mühsam und arbeitsintensiv, vielleicht zunächst auch etwas abschreckend. Wer nicht die Zeit und Möglichkeiten hat, eine qualitativ gute und nicht zu teure Futtermischung selbst zusammenzustellen, muß wohl auf das Fertigfutter zurückgreifen. Da gibt es nun — zumindest für Hühner — eine gute Mischung verschiedener Getreidearten (Mais, Weizen, Hafer) mit kleinen getrockneten Fischen zur Deckung des Eiweißbedarfs, die gerade deshalb empfehlenswert ist, weil die Zusammensetzung leicht nachvollziehbar und auf jeden Fall dem Mischfutter in Mehlform oder als Pellets vorzuziehen ist. Und wer doch Mischfutter kauft, sollte immer auf das Etikett achten, das Auskunft über Nähr- und Zusatzstoffe, Medikamente und Vitamine gibt, die dem Futter beigemengt sind.

Auch wenn Hühner und Puten als Körnerfresser bekannt sind, nehmen sie doch auch alles mögliche andere zu sich und ausschließliche Ernährung durch Körner wäre zu einseitig. Am günstigsten ist eine morgendliche Weichfuttergabe und abends Körner für die Nacht. Die Ente ist verschrien als „Schwein unter dem Geflügel", da sie Allesfresser ist. Die Gans ist Vegetarier, sie ist ein Weidetier, das möglichst nur dann zusätzliches Futter haben sollte, wenn der Auslauf im Herbst und insbesondere im Winter nicht mehr ausreicht.

Die Futterarten

Es gibt eine Reihe verschiedener Futterarten, die jeweils unterschiedlich eingesetzt werden können:

Trockenfutter in mehliger Form oder als Pellets gepreßt ist sehr bequem, da es nicht gären kann und zur beliebigen Aufnahme bereitgestellt werden kann. Trockenfutter wird als Handelsmischfutter angeboten. Es kann aber auch selbst hergestellt und gemischt werden. Dann soll darauf geachtet werden, daß die einzelnen Teile gleichmäßig vermengt werden, verschieden große Stücke möglichst gleich groß zerteilt werden.

Ein Nachteil von gekauftem Trockenfutter ist, daß über die Inhaltstoffe nur das Etikett Auskunft gibt, sonst sind sie nicht zu erkennen.

Weichfutter: wird von den meisten Arten, besonders aber von Hühnern am liebsten gefressen. Nachteil ist die arbeitsaufwendige Zubereitung und die Tatsache, daß es nicht auf Vorrat zubereitet werden kann, weil es schnell säuert.

Körnerfutter ist speziell für die Abendmahlzeit geeignet, da es schwer verdaulich ist, eine Zeit im Kropf der Hühner einweichen muß und ein langes Sättigungsgefühl erzeugt, so daß die Tiere bei ausschließlicher Körnerfütterung zu wenig andere Nahrung aufnehmen. Gekaufte Körnermischungen haben den Vorteil, daß die Inhaltsstoffe sichtbar sind.

Als **Zusatz zum Futter** müssen für alle Arten des Geflügels ständig noch folgende Stoffe zur beliebigen Aufnahme bereitgestellt werden:

- kleine Steinchen und scharfer Sand für die Verdauung
- Muschelkalk oder zerkleinerte, kurz erhitzte Eierschalen
- und natürlich immer frisches Wasser

Die nachfolgenden Tabellen sollen einige Anhaltspunkte für die Futterzusammenstellung geben.

Die erste Tabelle vermittelt einen Überblick über den Nährstoffgehalt der industriell hergestellten Handelsmischfutterarten. Die angeführten Nährstoffe entsprechen den futtermittelrechtlichen Ansprüchen an Geflügelfutter, die in der Regel von einer ganztägigen Stall-Intensivhaltung ausgehen.

Neben diesen Nährstoffen enthalten die angebotenen Mischfutter auch bestimmte, festgelegte Vitaminmengen, die bei einer ausschließlichen Fütterung mit diesem Futter von wesentlicher Bedeutung sind.

Die anderen Tabellen geben Auskunft über die verschiedenen Futtermittel, die für die Geflügelfütterung in Frage kommen und darüber hinaus sollen sie denen eine Hilfe sein, die ihr Futter selbst mischen wollen oder vielleicht bisher einiges auf den Kompost geworfen haben, was eigentlich die Tiere noch erfreut hätte.

Nährstoffe in Handelsmischfutter

	Rohprotein mind. %	Methionin mind. %	Energieträger %	Kalzium-mind. %	Phosphor-mind. %	Natrium-%	Mangan mg/kg	Zink mg/kg
Alleinfutter								
Hühnerküken (erste Wochen)	22	0,45	49	0,7-1,2	0,6	0,12-0,30	50	50
Hühnerküken	17	0,35	46	0,7-1,2	0,6	0,12-0,30	50	50
Junghennen	12		45	0,5-1,2	0,4	0,12-0,30	50	50
Legehennen	13,5	0,25	46	3-4,5	0,5-0,8	0,12-0,30	40	60
Masthühnerküken ab 5. Woche	18	0,36	51	0,7 -1,2	0,6	0,12-0,30	50	50
Truthühnerküken	25	0,5	38	1,2 -2	0,8	0,12-0,30	70	70
Jungtruthühner	14		44	0,7 -1	0,7	0,12-0,30	50	50
Masttruthühner	14	2	46	0,7 -1,7	0,7	0,12-0,30	50	50
Ergänzungsfuttermittel (EF)								
Hühnerküken	20	0,45		1 -1,8	0,75	0,18-0,45	75	75
Junghühner	14			0,75-1,8	0,6	0,18-0,45	75	75
Legehennen	18	0,35		2 -6	0,6-1	0,18-0,45	60	100
Eiweißreiches EF für Legehennen	27	0,54		8,5 -12	0,9-1,8	0,3 -1,85	120	180

Andere Futtermittel

Futtermittel	Herkunft	Eignung als Geflügelfutter	Nährwert	Probleme
Magermilch Buttermilch	Kuh	Hervorragendes Eiweißfutter tierischer Herkunft, das alle anderen Eiweißfuttermittel (ausgenommen Eier) in jeder Beziehung übertrifft. Der Eiweißgehalt kann die doppelte Menge Fischmehl ersetzen.	Das Eiweiß der Milch ist für Geflügel sehr gut geeignet. Dicksaure Magermilch hat darüber hinaus diätische Wirkung. Das Eiweiß der Buttermilch ist biologisch noch wertvoller als Magermilch.	Die ausreichende Aufnahme der Milch muß sichergestellt sein; kein Wasser bereitstellen, das der Milch vorgezogen wird, oder aber dicksauer im Weichfutter geben. Milch darf nicht angesäuert sein.
Trockenmilchpulver		Auch getrocknet als Milchpulver ist das Eiweiß sehr gut für Geflügel geeignet. Im Weichfutter ist es wertvoller Eiweißträger.	Entspricht etwa dem der Milch und ist allen anderen Eiweißträgern vorzuziehen.	Sehr teuer
Quark	Milchprodukt	Nicht ausschließlich geeignet, bedingt als Eiweißträger.	Nicht sehr hoch, da mit der Molke viele Inhaltsstoffe verloren gehen.	
Molke	Fällt bei der Labkäserei ab.	Als Tränke für Hühner und Küken gut geeignet.	Enthält noch Teile der Mineralstoffe und Vitamine der Milch.	
Fischmehl	Industriell verarbeitete Fischabfälle, Beifang (Kleinfische), vorwiegend Dorsch und Hering.	Als Eiweißträger tierischer Herkunft im Geflügelfutter gut geeignet. Event. Unterschiede in der Herstellung beeinflussen die Eignung zum Teil sehr stark.	Sehr hoch, reich an essentiellen Aminosäuren, Fettsäuren, Wirkstoffen und Mineralien.	Das Fett kann schnell ranzig werden und dann den Geschmack von Eiern und Fleisch beeinflussen. Enten dürfen 14 Tage vor dem Schlachten kein Fischmehl mehr bekommen (Gefahr durch Perchloräthylen).

Andere Futtermittel

Futtermittel	Herkunft	Eignung als Geflügelfutter	Nährwert	Probleme
Fleischmehl bzw. Fleischfuttermehl	Getrocknete Abfälle der fleischverarbeitenden Industrie.	Als Eiweiß- und Mineralstoffgemisch gut geeignet.	Der Eiweißgehalt ist mit nur 30 % geringer als der des Fischmehls. Der Mineralstoffanteil mit 46 % relativ hoch.	Event. Gefahr durch Rückstände des Lösungsmittels Perchloräthylen in Fleisch und Eiern
Tierkörpermehl	Aus Tierkadavern hergestelltes, keimfrei gemachtes Futtermittel	Als Eiweißträger sehr gut für Geflügelfuttermischungen geeignet.	Sehr hoch, wertvolles Futtermittel, da es alle Teile der verarbeiteten Tiere enthält und somit besonders wirkstoff- und vitaminreich ist; 40 % verdauliches Eiweiß, 25-30 % Mineralien.	Event. Gefahr von Giftrückständen in Fleisch und Eiern (Perchloräthylen)
Eiweißkonzentrat	Industriell hergestellte Mischung.	Gut geeignet.	Nährwert ist abgestimmt auf die Tierart, ausgeglichene Mischung pflanzlicher und tierischer Eiweißstoffe.	Sehr teuer
Blutmehl	Trocknung und Sterilisation von Frischblut aus Schlachthöfen.	Bedingt geeignet, event. 2 % im Futter der legenden Hennen.	Eiweißanteil bei schonender Herstellung fast 90 %. Die gleichzeitige Verfütterung von Mais ist sehr sinnvoll wegen der Wirkstoffe.	Herstellungsfehler verringern den Nährstoffgehalt empfindlich. Giftrückstandsgefahr!
Knochenmehl	Gereinigte und entleimte fein gemahlene Knochen.	Als Mineralstoff-Futter geeignet.	6 % verdauliches Eiweiß, 84 % Mineralstoffe, reich an Phosphorsäure.	Rückstandsgefahr!
Kartoffeln, Kartoffelschalen	Aus Eigenanbau oder Futterkarkartoffeln vom Großhandel, die sehr preisgünstig sind (2,- bis 4,- DM je Zentner).	Gedämpft u. zerdrückt im Weichfutter für alle Geflügelarten empfehlenswert. Roh werden Kartoffeln gefressen, allerdings ist die Nährstoffausnutzung dann nicht so gut wie bei gedämpften Kartoffeln. An- Anteilmäßig sollen nicht mehr als 50 % gegeben werden.	Enthält sehr viel Stärke, Ballaststoffe und wenig Mineralstoffe. Hoher Gehalt an Vitamin B1.	Event. Keime dürfen nicht verfüttert werden, da sie giftig sind (Solanin). Kartoffelfütterung ist arbeitsaufwendig

Andere Futtermittel (Fortsetzung)

Futtermittel	Herkunft	Eignung als Geflügelfutter	Nährwert	Probleme
Möhren	Überschüsse aus dem eigenen Garten, sonst evtl. zu teuer.	Sehr gut geeignet für alle Geflügelarten, müssen allerdings im Weichfutter gerieben und gekocht werden. Ca. 10 % sind ausreichend.	Vitaminträger	Arbeitsaufwendig, wird manchmal von Hühnern und Gänsen nicht gemocht
Topinambur	Evtl. Überschüsse aus dem eigenen Garten, sonst evtl. zu teuer.	Gedämpft und zerdrückt im Weichfutter gut geeignet, ähnlich wie die Kartoffel. Bis zu 40 % können im Weichfutter verarbeitet werden.	Mittelmäßig	Sehr arbeitsaufwendig.
Zuckerrübe	Am günstigsten beim Bauern zur Zeit der Ernte im Okt./Nov.	Als Zusatzfutter im Winter ist die Zuckerrübe — aufgespießt auf einen Nagel — roh gut geeignet, wird auch gedämpft gern genommen; als Futterbrei.	Mittelmäßig	
Trockenschnitzel	Produkt der Zuckerindustrie.	Nicht empfehlenswert.	Nährstoffgehalt ist zu niedrig.	
Zuckerschnitzel	Getrocknete u. zerkleinerte frische Zuckerrüben.	Können bis zu 20 % im Weichfutter gegeben werden.	Mittelmäßig, Eiweißanteil gering.	
Rote Bete	Möglichst aus Überschüssen des eigenen Gartens, sonst zu teuer.	Sehr gut als Trockenfutter im Winter geeignet. Rote Bete können auf einen Nagel aufgespießt roh und gekocht gegeben werden.	Sehr hoher Vitamingehalt.	
Markstammkohl, Grünkohl	Sinnvoll nur als Überschuß aus Eigenanbau, sonst evtl. zu teuer.	Sehr gut geeignet als Grünfutter im Winter, roh und gekocht.	Grünfutter, das den Vitaminbedarf decken kann.	
Weiß- und Wirsingkohl	Sinnvoll nur als Verwertung aus Eigenanbau.	Für Hühner geeignet zum Picken, wenn sie im Winter im Stall bleiben, um evtl. Langeweile zu vertreiben.	Gering	

Andere Futtermittel (Fortsetzung)

Futtermittel	Herkunft	Eignung als Geflügelfutter	Nährwert	Probleme
Luzerne, Klee und Brennessel	Möglichst selber sammeln und im Schatten trocknen, damit der Vitamingehalt bleibt.	Im Winter 5 % dem Weichfutter zugesetzt sehr gut für alle Arten geeignet.	Vitamine und Mineralstoffe.	Sehr arbeitsaufwendig.
Malzkeime, Schlempe, Biertreber, Hefe	Industrielle Rückstände aus dem Gärungsgewerbe.	Zu einem kleinen Prozentsatz dem Weichfutter zugesetzt sehr gut geeignet. Malzkeime zu 15-20 %. Schlempe zu 5-10 %. Biertreber zu 10-20 %.	Der Eiweißgehalt von Hefe hat eine besonders hohe biologische Wertigkeit. Gerstenmalzkeime mit 24 % Eiweiß können als Eiweißträger gegeben werden.	Für die Geflügelhaltung im kleinen Rahmen wenig geeignet; die hochwertige Hefe ist sehr teuer.
Radieschen- und Rettichblätter, Salatreste	Küchen- u. Gartenabfall.	Die Gänse lieben es am meisten.	Kleiner zusätzlicher Leckerbissen u. Vitaminträger.	
Futter- und Erbsenschrot		Gut geeignet, um anteilmäßig, jedoch nicht mehr als 20 %, dem Weichfutter zugesetzt zu werden.	Als pflanzlicher Eiweißträger geeignet.	Heute schwer zu beschaffen.
Sojaschrot		Gut geeignet.	Pflanzlicher Eiweißträger mit 48 % Rohprotein.	Ernährungspolitisch problematisch, wenn es sich um eingeführtes Soja handelt.
Sonnenblumenkerne		Sehr gut geeignet für die Zeit der Mauser und im Winter für Hühner (ca. 5 % je Tier).		
Süßlupinen		Gut geeignet. Kann bis zu 2/3 dem Weichfutter beigemengt werden.	Guter pflanzlicher Eiweißträger.	Oft schwer zu beschaffen.

Getreide

Getreideart	Eignung für Geflügel	Nährwert	Beliebtheit
Weizen	Sehr gut für alle Arten geeignet. Sollte immer mit anderen Getreidearten gefüttert werden: als ganzes Korn oder im Schrotgemisch.	Hat den höchsten Eiweißgehalt unter den Getreidearten. Rohfaseranteil ist gering. Da dem Weizeneiweiß die Aminosäure Lenzin fehlt, verursacht eine ausschließliche Weizenfütterung Durchfall.	Lieblingsgetreide der Hühner. Bei Gänsen rangiert Weizen erst an 5. Stelle, bei Enten schon an 2.
Mais	Sehr gutes Geflügelfutter, das auch leicht selbst angebaut werden kann. Falls Hühner das ganze Korn verschmähen, muß Mais zunächst zerkleinert gegeben werden. Einmal probiert, fressen sie ihn auch ganz. Mais kann auch geschrotet verfüttert werden.	Für die Winterfütterung und die Mast sehr zu empfehlen, da reich an Kohlehydrate, Magnesia und Vitamin A.	Zweitliebstes Getreide der Hühner und Lieblingsgetreide der Enten. Bei der Gans steht Mais an letzter Stelle: sie mag ihn nicht.
Gerste	Besonders gut für Tiere geeignet, die geschlachtet werden sollen und noch etwas zunehmen müßten. Sonst hervorragendes Winterfutter, besonders im Schrotgemisch geeignet.	Nährwert wird in Verbindung mit Milch noch erheblich verbessert. Gehalt an essentiellen Aminosäuren ist sehr hoch.	Bei Ente, Gans und Huhn an 3. Stelle. Sommergerste wird von Hühnern lieber gefressen.
Roggen	Als Geflügelfutter nicht geeignet. Im Körnergemisch wird er von Hühnern verschmäht, geschrotet wird er gefressen. Nicht mehr als 20 % für alle Arten ins Schrot mischen.		Bei allen Arten völlig unbeliebt.
Hafer	Gut geeignet, besonders in gekeimter Form ein beliebtes Futter. Zur Aufzucht und im Winter hervorragend als Vitamin- und Mineralstoffträger geeignet.	Hoher Nährstoffgehalt, der durch Keimung noch bedeutend zunimmt; wirkt günstig auf das Federwachstum.	Lieblingsgetreide der Gans. Beim Huhn steht Hafer an letzter Stelle, es frißt ihn aber gern gekeimt. Enten mögen Hafer auch nicht so gern.
Hafer, Gerste und Weizen	Ein Körnerfutter für Gänse, das abends im Winter gefüttert werden kann.	Sehr gut; ist ein Teil des Hafers gekeimt, steigt der Nährwert enorm.	Hafer ist Lieblingsgetreide der Gans und Weizen und Gerste frißt sie auch sehr gern.
Weizen, Mais und Gerste	Eine Körnermischung für Hühner, Puten und Enten am Abend.	Hoch, wird zusätzlich noch 10-25 g Keimhafer gefüttert, steigt er.	Wird gefressen, wenn der Gerstenanteil nicht höher als 25 % ist.

Die Organisation der Fütterung

Für die Organisation der Fütterung gibt es mehrere Möglichkeiten, von denen jeder selbst ausprobieren muß, was am günstigsten ist. Dabei spielt die Futterart eine nicht unbedeutende Rolle. Futter, das schnell gärt, wie das Weichfutter, ist zum Bereitstellen für eine beliebige Aufnahme nicht geeignet.

So muß — je nach dem, was für eine Art Futter gegeben wird — überlegt werden, ob von Hand gefüttert werden soll oder ob das Futter zur freien Aufnahme zur Verfügung gestellt wird. Dabei ist auch zu berücksichtigen, daß Weichfutter auf Grund der schnellen Verdaulichkeit nur morgens und/oder mittags gegeben werden soll, während Körnerfutter für die Abendmahlzeit geeignet ist, weil es eher über Nacht vorhalten kann.

Eine tägliche Fütterung von Hand soll immer zur gleichen Zeit erfolgen. Diese Art von Fütterung ist für Mensch und Tier schön und ermöglicht einen relativ intensiven Futterkontakt. Die Tiere stellen sich auf die Fütterungszeit ein und werden regelrecht ungeduldig, wenn es zu Verspätungen kommt.

Der Futterplatz muß öfter gewechselt werden, weil sonst die Grasnarbe schnell zerstört sein würde. Ich habe den Futterplatz oft so gewählt, daß Stellen, die auf Wunsch unserer Nachbarn frei von Brennesseln sein sollten, als Futterplatz dienten. Das ständige Picken und Scharren der Hühner hat den Brennesseln keine Chance gelassen und ich habe mir eine Menge Arbeit und Ärger mit den Nachbarn erspart.

Nachteil einer Fütterung von Hand zu festen Zeiten kann sein, daß rangniedrigere Tiere permanent vom Futter weggepickt werden und zu kurz kommen oder ein Teil des Futters verloren geht. Und die notwendige täglich erforderliche Anwesenheit kann auch etwas einengend sein.

Wer das Futter zur freien Aufnahme bereit stellt, ermöglicht sich selbst einen größeren Freiraum. Die Möglichkeit, einmal übers Wochenende ohne größere Nachteile wegzufahren, ist dann eher gegeben. Zudem ist eine ausreichende Nahrungsaufnahme für jedes Tier möglich, Hackereien am Futtertopf seltener. Zuviel werden die Tiere auch nicht fressen. Sie fressen immer nur soviel, wie sie wirklich benötigen. Nur bei einigen Entenrassen würde ich zur Vorsicht raten. Ich hatte einmal einen Pekingerpel, der derart verrückt nach Futter war, daß die Sorge um ein Überfressen berechtigt war. Erfahrungsberichten zufolge sollen die Warzenenten da anders sein. Nun, bei Enten muß immer ein wenig auf die Freßlust geachtet werden und Fütterung zur beliebigen Aufnahme ist nicht immer ratsam, sie kann manchmal auch die Futtersuche auf der Wiese beeinträchtigen.

Ein Nachteil von ständigem Vorhandensein von Futter an einer bestimmten Stelle ist, daß auch andere mitfressen wollen, insbesondere Mäuse und Spatzen. Wer andere Tiere, vielleicht Schafe, mit dem Geflügel zusammen hält, die davon nicht fressen sollen, wird Schwierigkeiten haben, den Tieren das zu vermitteln. Und Geflügelfutter vor anderen Tieren zu schützen, wenn diese es einmal entdeckt haben, ist sehr schwer.

Herstellung von Futtermitteln

Keimgetreide

Im Herbst und Winter, wenn der Auslauf den Vitamin- und Eiweißbedarf nicht mehr decken kann, können getrocknetes Grünzeug (Brennessel, Klee, Luzerne), Grünkohlreste oder auch Grünmehl Ersatz sein. Und gekeimtes Getreide ist nicht nur für den Menschen im Winter ein hervorragendes Nahrungsmittel. Schon früher wurde dem Geflügel im Herbst und Winter, zur Zeit der Mauser, und den Gänsen, speziell kurz vor Legebeginn, ein Teil der Körnerration gekeimt gegeben. Besonders gut geeignet sind da gekeimter Hafer und auch Weizen. Das Keimen verändert die Zusammensetzung des Korns, es kommt zu einem Anstieg des Vitamingehaltes und anderen positiven Veränderungen.

Vitamingehalt von gekeimten und ungekeimten Getreide (mg/kg)

	Vitamin B_2		Vitamin B_3		Vitamin B_1		Vitamin H	
	nicht gekeimt	gekeimt	nicht gekeimt	gekeimt	nicht gekeimt	gekeimt	nicht gekeimt	gekeimt
Gerste	1,3	8,3	72	129	—	7,9	0,4	1,2
Mais	1,2	3,0	17	40	6,2	5,9	0,3	0,7
Hafer	0,6	12,4	11	48	10,0	11,5	1,2	1,8

Nach: Claude Aubert, *Das große Buch der biologisch gesunden Ernährung*, Wien 1979, S. 133

Auf Grund der geringen Haltbarkeit soll Keimgetreide immer wieder neu für den Bedarf hergestellt werden. Die Entwicklung bis zur richtigen Keimlänge, nämlich 1-2 cm, dauert 4-5 Tage, so daß immer Keime verschiedener Entwicklungsstufen parallel vorhanden sein müssen. Im Grunde ist das sehr einfach.

Die notwendige Menge wird zunächst 24 Stunden in Wasser eingeweicht. Danach kann das Wasser abgegossen und das Getreide flach in Kisten verteilt werden, die etwas feucht gehalten werden müssen. Nach ca. 4-5 Tagen, wenn die Keime die gewünschte Länge haben, können sie verfüttert werden. Es reicht aus, wenn im Herbst 1/4 bis 1/2 der täglichen Körnerration gekeimt wird.

Weichfutter

Weichfutter ist allen Arten von Geflügel sehr angenehm. Hühner werden es immer Körnerfutter vorziehen, was man schnell mit Hilfe eines kleinen Tests selbst feststellen kann.

Früher war eine Weichfutergabe morgens und/oder abends Bestandteil jedes Futterplanes. Es war insbesondere auch für Tiere, die geschlachtet werden sollten, sehr beliebt, da eine häufige Weichfuttergabe die Freßlust fördert.

Weniger beliebt war die Mühe, die die Weichfutterzubereitung verlangt. Da es schnell säuert, können keine großen Mengen auf Vorrat bereitet werden.

Dennoch ist es immer dem Legemehl oder -korn vorzuziehen, weil Gewißheit darüber herrscht, was in der verfütterten Masse enthalten ist und weil es auch eine sinnvolle Verwertung von Küchenabfällen garantiert. Feucht-krümelig angerührt (nicht zu naß) können im Weichfutter verwendet werden:

— Kartoffelkochwasser (ohne Salz)
— Blanchierwasser
— Fleischabfälle
— Knochenreste
— Schlachtabfälle (gekocht)
— Obstreste
— Alle Reste von Teller und Kochtopf, vorausgesetzt, sie sind arm an Essig und Salz und frei von Schimmel.

Über die erforderlichen Mengen an Weichfutter Angaben zu machen, ist etwas problematisch, da diese abhängig von Jahreszeit, Gewicht der einzelnen Tiere und natürlich auch davon, ob es Zuchttiere sind, oder ob sie demnächst geschlachtet werden sollen. Am besten ist es, die Menge selber herauszufinden, die die Tiere innerhalb von 20 Minuten aufgefressen haben. Bei Hühnern können ca. 60-70 Gramm Weichfutter je Tier und Tag am Morgen ausreichen, bei Puten und Gänsen kann von ca. 120-150 Gramm und bei Enten von 60-100 Gramm ausgegangen werden.

Im folgenden ein paar Menüvorschläge für die Herstellung von Weichfutter. Bei den Angaben werden Mineralstoffe und Vitamine nicht berücksichtigt, da davon ausgegangen wird, daß bei einer vielseitigen Fütterung und Auslaufhaltung darauf verzichtet werden kann.

Weichfutterzubereitung

Weichfuttermenüvorschläge für Junghennen
(ab 8. Woche bis zur Legereife)

- 60 % Getreideschrotgemisch (Mais, Weizen, Hafer, Gerste)
- 20-30 % gekochte und zerdrückte Kartoffeln
- 10 % Grünzeug, falls es nicht im Auslauf vorhanden ist

Mit Magermilch zu einer feuchtkrümeligen Masse verrühren

- 70 % Getreideschrotgemisch (Weizen, Mais, Gerste, Hafer)
- 20 % Weizenkleie
- 10 % Kartoffeln, gekocht und zerdrückt

Mit Magermilch zu einer feuchtkrümeligen Masse anrühren.

Weichfuttermenüvorschlag für Junghennen
(ab der 8. Lebenswoche)

- 60 % Getreideschrotgemisch (Mais, Weizen, Gerste, Hafer)
- 15 % Kartoffeln, gekocht und zerquetscht
- 15 % Sojaschrot
- 10 % Weizenkleie

Mit Wasser zu einer feuchtkrümeligen Masse verrühren.

Weichfuttermenüvorschläge für Legehennen

- 50-60 % Getreideschrotgemisch (Weizen, Mais, Hafer gemischt für den Sommer, Gerste nur im Winter)
- 20-30 % Kartoffeln, gekocht und zerquetscht
- 5-15 % Grünzeug, falls es nicht über den Auslauf aufgenommen werden kann (Brennnesseln, Luzerne, Salatabfälle, Klee etc. zerkleinert oder eventuell Grünmehl)
- 10-15 % Sojaschrot

Mit Wasser zu einer feuchtkrümeligen Masse vermengen.

- 80 % Getreideschrotgemisch (Weizen, Mais, Hafer gemischt im Frühjahr und für den Herbst und Winter zusätzlich noch Gerste)
- 10 % Grünzeug, falls es nicht über den Auslauf gesucht werden kann
- 10-15 % Magermilch, eventuell aus Milchpulver

Mit Wasser zu einer feuchtkrümeligen Masse verrühren.

- 50 % Kartoffeln, gekocht und zerdrückt
- 20 % Getreideschrot und Kleie
- 10 % Sojaschrot
- 10 % Magermilchpulver
- 10 % Grünzeug, falls dieses nicht ausreichend im Auslauf vorhanden ist.

Mit Wasser zu einer feuchtkrümeligen Masse verrühren.

Weichfuttermenüvorschläge für Enten, Hähne, Puten oder Gänse, die bald geschlachtet werden sollen

- 50 % Getreideschrot (Weizen, Gerste, Mais, event. Hafer)
- 35 % Kartoffeln, gekocht und zerdrückt
- 15 % Sojaschrot
- Eventuell noch Grünzeug dazu, falls der Auslauf keines bietet

Feuchtkrümelig mit Wasser zu einem dicken Brei verrühren (für Hähne sehr zu empfehlen).

- 30 % Gerstenschrot
- 30 % Kartoffeln
- 10 % Maisschrot
- 20 % Haferschrot
- 10 % Sojaschrot
- Eventuell noch Grünzeug, falls im Auslauf nicht vorhanden

Feuchtkrümelig zu einem dicken Brei vermengen (sehr gut für Enten geeignet).

- 20 % Maisschrot
- 20 % Gerstenschrot
- 20 % Haferschrot
- 15 % Sojaschrot
- 15 % Weizenkleie
- 10 % Lupinenschrot

Werden im Verhältnis 1:1 mit gekochten Kartoffeln gut vermengt (als Gänsefutter sehr gut geeignet).

Weichfuttermenüvorschläge für Jungputen

- 15 % Weizenschrot
- 15 % Haferschrot
- 15 % Maisschrot
- 10 % Gerstenschrot
- 20 % Milchpulver
- 15 % Kartoffel, gekocht und zerdrückt
- 10 % Grünzeug

Zu einer feuchtkrümeligen Masse vermengen.

- 15 % Kartoffeln, gekocht und zerkleinert
- 20 % Weizenschrot
- 10 % Maisschrot
- 20 % Gerstenschrot
- 10 % Grünzeug
- 25 % Sojaschrot

Mit Wasser zu einem feuchtkrümeligen Brei vermengen.

Weichfuttermenüvorschläge für Zuchtputen

- 25 % Weizenschrot
- 20 % Haferschrot
- 15 % Maisschrot
- 15 % Gerstenschrot
- 20 % Milchpulver
- 5 % Grünzeug, falls im Auslauf nicht vorhanden

Zu einer feuchtkrümeligen Masse anrühren.

- 30 % Kartoffeln, gekocht und zerdrückt
- 20 % Weizenschrot
- 15 % Haferschrot
- 15 % Maisschrot
- 15 % Gerstenschrot
- 15 % Sojaschrot
- Grünzeug, falls der Auslauf keines bietet

Zu einer feuchtkrümeligen Masse verrühren.

Weichfuttermenüvorschläge für Zuchtenten

- 60 % Getreideschrot (Mais, Weizen, Hafer, im Winter zusätzlich noch Gerstenschrot)
- 10 % Weizenkleie
- 10 % Zuckerschnitzel
- 20 % Sojaschrot
- je Tier zusätzlich noch 100 g Kartoffeln, gekocht und zerdrückt

Mit Wasser zu einer feuchtkrümeligen Masse vermengen und Grünzeug zusetzen, wenn die Tiere nichts im Auslauf finden.

- 40 % Kartoffeln
- 20 % Weizenkleie
- 25 % Getreideschrotgemisch (Mais, Weizen, Hafer und für den Winter vermehrt Gerstenschrot)
- 15 % Sojaschrot
- Grünzeug, zerkleinert oder eventuell auch Grünmehl zusetzen, falls im Auslauf kein Grünbewuchs vorhanden ist.

Zu einer feuchtkrümeligen Masse verrühren.

- 25 % Kartoffeln, gekocht und zerquetscht
- 10 % Weizenkleie
- 40 % Getreideschrot
- 20 % Sojaschrot
- 5 % Grünzeug

Zu einer feuchtkrümeligen Masse verrühren.

Weichfuttermenüvorschläge für Zuchtgänse

(Zuchtgänse sind reine Weidetiere und erhalten nur dann morgens und mittags ein Weichfutter, wenn die Weide nicht mehr ausreicht oder zugeschneit ist)

- 30 % Kartoffeln, gekocht und zerdrückt
- 40 % Getreideschrot (Hafer, Gerste, Weizen)
- 20 % Weizenkleie
- 10 % Sojaschrot

Mit Wasser und viel zerkleinertem Grünzeug zu einer feuchtkrümeligen Masse vermengen.

- 40 % Getreideschrot (Hafer, Weizen, Gerste)
- 25 % Kartoffeln, gekocht und zerkleinert
- 15 % Sojaschrot
- 15 % Zuckerschnitzel
- 5 % Weizenkleie

Mit viel zerkleinertem Grünzeug zu einer feuchtkrümeligen Masse anrühren.

Anlage einer Regenwurmgrube

Zusätzliche Eiweißnahrung kann dem Geflügel durch die Verfütterung von Regenwürmern geboten werden. Mit etwas Arbeit kann eine Regenwurmzucht angelegt werden, die auch für Garten und Kompost sinnvoll ist.

Nur in den Monaten Mai-Juni, der Paarungszeit der Regenwürmer, ist die Verfütterung nicht ratsam, da sie in dieser Zeit möglicherweise den Eileitersaugwurm auf die Hühner übertragen können. Allerdings lehnen interessanterweise die Hühner nicht selten innerhalb dieser Zeitspanne auch die Aufnahme der Regenwürmer ab.

In einer Ecke des Gartens, die leicht feucht wird, wird eine Grube von ca. 1 m Tiefe ausgehoben. Darin werden einige Bündel Stroh senkrecht aufgestellt. Laub und Erde dienen als Zwischenfüllung. Die Grube wird mit Stroh und Brettern abgedeckt und feucht gehalten.

Innerhalb kurzer Zeit haben sich die Würmer massenhaft eingefunden und können nun verfüttert werden.

Der Stall

Der Hühnerstall

Die Bedeutung des Stalles ist für Hühner im Vergleich zu den anderen Geflügelarten sehr groß, da sie relativ empfindlich sind.

Der Stall ist Aufenthaltsort bei ungünstigen Wetterverhältnissen,
ist Schlafraum,
ist, bzw. soll der Ort sein, wo Eier gelegt werden,
kann der Ort sein, wo gefressen und getrunken wird.

Die Größe und Bedeutung des Stalls für die Tiere und dessen Einrichtung werden mitbestimmt von der Größe und den Möglichkeiten des Auslaufes.

Ob nun ein ganz neuer Stall gebaut werden soll oder ob vorhandene Räumlichkeiten (z. B. eine alte Scheune oder Schaf-, Pferde-, Schweineställe) hühnergerecht umgestaltet werden sollen, auf jeden Fall sollte versucht werden, den Anforderungen an einen hühnerfreundlichen Stall nahe zu kommen. Und wer seinen Tieren zusätzlich etwas Gutes tun möchte, der kann im Stall zusätzlich ein bißchen Luxus einbauen, für den die Hühner sehr dankbar sein werden.

Für die, die keine Lust dazu haben, einen Stall zu bauen oder es sich nicht zutrauen, gibt es auch Fertigbau-Firmen, die zerlegbare Geflügelställe im Versand anbieten.

Diese nicht ortsfesten Ställe haben den Vorteil, daß sie auch im Falle eines Umzugs nach einigen Jahren abgeschlagen und wieder neu aufgebaut werden können. Für die notwendige Genehmigung durch die Baubehörde kann das eventuell von Vorteil sein, wenn der Stall nicht größer als 20 qm ist. Allerdings sind die in Frage kommenden Ställe sehr teuer.

Stall mit ungleichschenkligem Satteldach und Windfang vor dem Schlupfloch

Ute Rhein

Standort

Ein Hühnerstall sollte möglichst voll im Einstrahlungsbereich der Sonne liegen, damit die Vorderseite mit Fensteröffnung nach Süden bis Südosten gerichtet ist und die heilkräftigen und keimtötenden Sonnenstrahlen in den Stall gelangen können.

Hohe Gebäude vor dem Stall sind daher recht ungünstig, da sie zuviel Sonne nehmen. Laubbäume in Stallnähe hingegen sind vorteilhaft, da sie im Sommer Schatten bieten und im Winter,wenn sie kahl sind, genügend Sonnenlicht durchlassen.

Ein Stall, dessen Vorderseite nach Norden und Westen zeigt, ist insbesondere im Winter sehr ungünstig, da dann nämlich gar keine Sonne in den Stall gelangt und es schwierig ist, ihn trocken und frostfrei zu halten.

Die Stallgröße

Die Größe des Stalles wird mitbestimmt von der Auslaufgröße. Bei unbegrenztem Auslauf können 5 Hühner je qm Stallfläche gerechnet werden. Ist der Auslauf jedoch kleiner als die vierfache Grundfläche des Stalles, muß von 2 Hühnern je qm Stallbodenfläche ausgegangen werden. Am günstigsten ist es, den Stall so zu konstruieren, bzw. das als Hühnerstall ausgewählte Gebäude so zu wählen, daß er bei Bedarf seitlich leicht vergrößert werden kann.

Im allgemeinen ist eine Würfelform vorteilhaft, weil so das Verhältnis der Wandflächen zum umschlossenen Raum am günstigsten ist und der Wärmeverlust niedrig gehalten werden kann.

Anhaltsmaße bei einer Höhe von mindestens 1,80 m (hinten) und 2,20 m (vorne): 15 Hennen: 2,20 x 2,20 m,; 30 Hennen: 3,50 x 3,50 m; 100 Hennen: 6,0 x 6,0 m.

Die Haltung von 100 Hühnern in einem Stall ist jedoch ungünstig, da die Tiere sich dann nicht mehr gegenseitig wiedererkennen können, es zu Verwechslungen kommt und so leicht unnötig belastender Stress für die Hühner geschaffen wird. Besser wäre bei einer Haltung von 100 Hennen die Aufteilung in kleinere Stämme mit max. 30 Tieren in mehreren Abteilungen mit jeweils getrennten Ausläufen.

Der Stallbau

Wer einen Stall ganz neu bauen möchte, kommt sicherlich nicht um die Baubehörde herum, da die meisten Bauten genehmigungspflichtig ist. Es ist ratsam, erst einmal eine Skizze zu machen und damit zur zuständigen Stelle bei der Gemeinde zu gehen. Grundsätzlich günstiger wäre immer die Umgestaltung vorhandener Räumlichkeiten, wobei die folgenden Hinweise aber genauso bedeutsam sind.

1) Fundament und Fußboden

Ein Fundament ist nicht immer erforderlich. So genügt es einen kleineren Hühnerstall auf ebener Fläche auf Ziegelsteine zu bauen.

Auf keinen Fall fehlen sollte jedoch unter dem Stallboden ein Drahtgeflecht zum Schutz gegen Mäuse und Ratten.

Für größere Ställe hingegen ist es notwendig, ein Fundament zu bauen. Der Stallbodenunterbau muß gut belüftet sein, was durch ein luftdurchlässiges Fundament erreicht werden kann. Empfehlenswert ist es, die Fundamente auf eine Kiesschüttung zu stellen, da kiesiger Boden sehr luftig ist. Ein Fundament kann 40 cm tief und 25 cm breit sein und sollte ca. 25 cm über den Erdboden hinausragen. Die Fundamentgräben können am besten mit kiesigem Material gefüllt, die Fundamentmauer mit Lüftungsöffnungen versehen werden, was z. B. durch das Einlegen von Röhren zu erreichen ist.

Wenngleich es auch am einfachsten erscheinen mag, den Naturboden als Stallfußboden zu belassen, so kann damit doch eine Reihe von unnötigen Problemen geschaffen werden. So steigt sehr leicht Feuchtigkeit auf, zudem ist der Boden sofort stark verkotet und muß mindestens einmal im Jahr abgekratzt und die Oberfläche völlig erneuert werden, denn eine Reinigung ist fast unmöglich, was im Fall einer ansteckenden Krankheit sehr unangenehm sein kann.

Ein Zementfußboden kommt nicht in Frage, da er nicht atmet und trotz Einstreu feuchtkalt bleiben wird, also für das Wohlbefinden und die Gesundheit der Tiere nachteilig ist.

Der Stallfußboden wird am besten immer ein wenig höher angelegt als der Außenerdboden, so daß er leichter trocken bleibt. Ein Gefälle von 2-3 % und ein Abfluß nach außen ist bei der Reinigung übrigens eine große Erleichterung. Der Boden kann dann einfach mit dem Wasserschlauch abgespritzt werden.

Es ist empfehlenswert für den Fußboden, einfach Sand auf die Kies oder Geröllschicht aufzubringen und darin als Abschluß nach oben Vollsteine aus gebranntem Ton zu verlegen und die Fugen eventuell mit Kalkmörtel auszufüllen (Achtung, die Hühner picken gern Kalkmörtel!).

2) Wände

Die Stallwände sollten aus einem wärmeisolierenden und atmungsfähigem Material sein, um im Winter die von den Tieren erzeugte Wärme im Stall halten zu können, damit auch an kalten Wintertagen das Trinkwasser nicht friert. Als Material kommen somit Holz, Lehm, mit Kalkmörtel vermauerte Backsteine oder Schlackensteine in Frage.

Ein Lehmstall (Lehmziegelbau, Lehmstampfbau, Lehmfachwerk) ist eine billige, zweckmäßige und gesunde Unterkunft für Hühner. Die Wände müssen recht gut verputzt werden, da Hühner sonst den Lehm wieder aus der Wand picken. Eine Wand aus

Hohlziegeln ist ebenfalls gut geeignet und braucht nur 12 cm stark zu sein.

Allerdings empfiehlt es sich, wenn Massivwände mit Kalkmörtel geputzt werden, die den Hühner zugänglichen Stellen der Wände mit verlängertem Zementmörtel zu verputzen (bis 60 cm über dem Boden und über den Sitzstangen), da sie manchmal den Kalkmörtel aus Langeweile oder auch Mangel an Kalk oder Grit wegpicken.

Am häufigsten wird wohl Holz für einen Stall verwendet werden. Wird nicht doppelwandig gebaut, müssen die Wände im Winter gut isoliert werden. Am günstigsten ist wohl ein doppelwandig gebauter Holzstall, oder zumindest eine Doppelwand um die Schlafnische. Um den Mäusen das Leben in den Zwischenräumen gründlich zu vermiesen, kann eine Schicht Glasscherben und ordentlich Glaswolle (unempfindlich gegenüber Feuchtigkeit) in den Hohlräumen einige Mäuse (leider nicht alle) davon abhalten, sich hier eine Wohn- und Brutstätte gemütlich einzurichten.

Innen sollten die Wände möglichst einmal im Jahr mit Kalkmilch geweißt werden (hin und wieder abkratzen, wenn die Kalkmilchschicht zu dick wird und nicht mehr atmen kann). Steinbauten sollen auch von außen geweißt werden.

Chemische Holzschutzmittel dürfen auch im Hühnerstall nicht verwendet werden, da sie von den Tieren eingeatmet werden und noch 2-3 Jahre nach dem Anstrich in Hühnern und ihren Eiern nachweisbar sind. Stattdessen kann ein zweifacher Anstrich mit Leinöl vorgenommen werden, wobei dem 2. Anstrich Terpentinöl beigemischt werden sollte, um das Einziehen zu verbessern.

Als ungiftiger Holzschutz ist ein 2-3 maliger Anstrich mit 10 %iger Borax- oder Sodalösung gegen Insekten und Pilzbefall vor der Leinölbehandlung empfehlenswert. Borax ist noch besser, da es gleichzeitig feuerhemmend wirkt.

3) Das Dach

Als Dachform für den Geflügelstall kommen Sattel- oder Pultdach in Frage. Da für das Satteldach wesentlich mehr Material erforderlich und zudem auch Spezialkenntnisse notwendig sind, sollte vielleicht ein Pultdach bevorzugt werden, das leicht und ohne größere Spezialfähigkeiten gebaut werden kann.

Damit das Regenwasser gut ablaufen kann, muß das Dach ein bestimmtes Gefälle aufweisen, jeweils abhängig vom verwendeten Material.

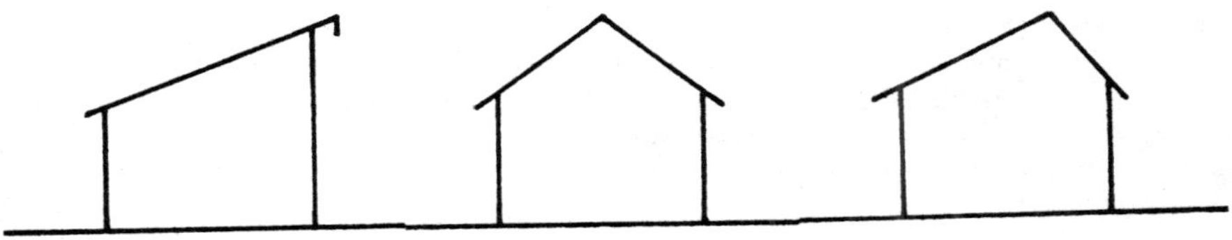

Pultdach *Satteldach (gleichschenklig)* *Satteldach (ungleichschenklig)*

Das Dach sollte genauso wie die Stallwände wärmeisolierend und aus atmungsfähigem Material sein. Zwischen Decke und Dachhaut ist ein gut belüfteter Hohlraum erforderlich, da Schadstoffe und verdunstete Feuchtigkeit, die nicht durch das Lüftungssystem entweichen können, von der Decke ausgeschieden werden. In erster Linie kommen wohl luftdurchlässige Ziegel in Betracht. Bei guter Unterlüftung können aber auch Wellblech oder Dachpappe verwendet werden.

4) Fenster

Die Gesamtfensterfläche soll ca. 1/10 bis 1/15 der Stallbodenfläche ausmachen und nach Süd bis Ost gerichtet sein. Um den Hühner die ihnen unangenehme Zugluft zu ersparen, sollten die Fenster in ca. 50 cm Höhe über der Einstreu beginnen und dann recht hoch bis ans Dach reichen.

Schiebefenster sind am günstigsten, wenn sie in einer entsprechend weiten Doppelwand verschwinden können. (Vor Feuchtigkeit schützen, damit sie sich nicht verziehen, z. B. indem oben und unten Wetterleisten angebracht werden, die den Regen ableiten.)

Aber auch Klappfenster sind für einen Hühnerstall sehr gut geeignet. Nach innen zu öffnende Fenster hingegen müssen als ungünstig abgelehnt werden, da sie von den Hühnern zu gern als Anflugsort und Sitzstange benutzt und somit ständig verkotet sein werden.

Um im Sommer die Fenster auch mal ganz aushängen oder nachts offen lassen zu können, kann die Fensterfläche innen mit engmaschigem Drahtgeflecht überspannt werden.

5) Türen

Die Türen, möglichst nicht an der Wetterseite angebracht, sollten unbedingt so groß sein, daß man mit einer voll mit Mist beladenen Schubkarre bequem durchkommen kann (0,90 x 1,90 m). Sie sollten nach dem Öffnen an einer Wand einhakbar sein, also nicht gleich beim nächsten Windstoß aus den Scharnieren reißen können. Damit die Tiere nicht die Einstreu vor dem Auslauf verteilen können, ist eine bewegliche Schwelle unten am Türrahmen zu empfehlen, ein in Führungsleisten eingebrachtes, ca. 20 cm hohes, loses Brett.

Hat der Stall mehrere Abteile, etwa wenn mehrere kleine Hühnerstämme untergebracht sind, empfiehlt es sich, diese Türen mit Pendelscharnieren zu versehen, so daß sie nach beiden Seiten zu öffnen sind. Spätestens beim Ausmisten oder anderen Arbeiten im Stall wird die dadurch erreichte Arbeitserleichterung spürbar sein.

6) Stall-Lüftung

Eine gut funktionierende Be- und Entlüftung ist im Geflügelstall besonders wichtig, da Hühner einen sehr hohen Sauerstoffbedarf haben, um die recht hohe Körpertemperatur zu halten und die starke Verbrennung von kohlenhydrathaltigen Nährstoffen zu bewältigen. Daher ist die Kohlendioxydausscheidung sehr hoch, im Verhältnis zur Körpermasse höher als beim Menschen.

Aber auch die im Körper überschüssige Feuchtigkeit wird zum großen Teil mit der Atemluft abgegeben. Bei 50 Hühnern sind das schon 5 Liter, bei 100 Tieren 10-13 Liter täglich.

Feuchte, verbrauchte Stall-Luft muß unbedingt so durch Frischluft ersetzt werden, daß kein Durchzug entsteht, daß insbesondere Sitzstangen und Scharr-Raum zugfrei sind, da Hühner auf Zugluft recht empfindlich reagieren.

Grundsätzlich sind möglichst viele Lüftungsöffnungen (mit Maschendraht bespannt, um Mäuse und Spatzen fernzuhalten) in einem Hühnerstall angebracht, wenn darauf geachtet wird, daß nie Durchzug entsteht.

Unter dem Dach können einfache Entlüftungsöffnungen eingeschnitten und von außen mit engmaschigem Draht bespannt werden. Innen wären entweder verschließbare Klappen oder einfache Schutzkästen angebracht. Diese sind an einer Seite offen und können immer offen bleiben oder locker mit Stroh ausgelegt werden. (Nicht vollstopfen, damit die Luft weiterhin zirkulieren kann.)

Bei einem Satteldach kann auch ein Luftschacht eingebaut werden, der die verbrauchte Luft absaugt und Frischluft durch Öffnungen oberhalb der Fenster eintreten läßt.

7) Schlupfloch

Das Auslaufschlupfloch sollte so liegen, daß beim Öffnen kein Durchzug entstehen kann, also nicht gegenüber den Fensteröffnungen. Für die Hühner ist ein Schlupfloch, 50 cm über dem Stallboden, das 20 cm breit und 30 cm hoch ist, am bequemsten. Höher gelegene Schlupflöcher die über die bekannte Hühnerleiter zu erreichen sind, mögen die Tiere nicht so gern und einige haben manchmal sogar Schwierigkeiten, diese Hühnerleiter zu erklimmen. Die Beweglichkeit der einzelnen Tiere kann da schon sehr verschieden sein. Ein seitlich zu öffnender Schieber ist als Tür am günstigsten.

Langschläfer können sich zu ihrer persönlichen Ruhe und zur Freude der Hühner eine Selbstauslaufklappe basteln, die morgens von den Tieren selbständig geöffnet werden kann. Als Frühaufsteher lieben es die Hühner nämlich sehr, im Morgengrauen nach Getier zu suchen, das sich wenig später schon wieder in den Erdboden zurückgezogen haben kann. Diese Möglichkeit, den Eiweißbedarf zu decken, ist insbesondere in großen und unbegrenzten Ausläufen nicht zu unterschätzen. Bei senkrecht nach oben zu öffnenden Schiebern wird unten ein kleines Kästchen angebracht, das abends mit Körnern gefüllt wird. Eine über 2 Rollen laufende Schnur wird am oberen Klappenteil befestigt und am freien Ende mit einem Stein beschwert, der bei geschlossener Schiebeklappe mit dem Futterkasten das Gleichgewicht hält. Sobald die Hühner morgens das Körnerfutter gefressen haben, bekommt der Stein Übergewicht und öffnet den Auslauf. Diese Selbstauslaufklappe sollte tagsüber möglichst so gesichert sein, daß

Selbsauslaufklappe (nach Camberg)

kein Unfall geschieht, wenn sie nämlich aus unerfindlichen Gründen gerade dann herunterfällt, wenn ein Huhn im Schlupfloch steht.

Ein weiterer empfehlenswerter Komfort ist ein Windschutzkasten, der innen oder auch außen vor dem Schlupfloch angebracht wird.

Tips zur einfachen Isolierung des Stalles für den Winter

— Einziehen einer Zwischendecke über den Sitzstangen
— Befestigung von Vorhängen vor den Sitzstangen
— Fenster in Höhe der Sitzstangen gut isolieren
— Gegenüberliegende Schlupflöcher, Lüftungsöffnungen, Fenster nie gleichzeitig öffnen
— Ställe auf Sockeln können im freien Raum zwischen Erd- und Stallboden gut mit Mist, Erde oder Stroh isoliert werden
— Außen die Wände mit Strohballen oder dem Holzvorrat umstellen, der im Frühjahr zuletzt verheizt wird
— Das den Hühnern zugängliche Isolationsmaterial muß mit Drahtresten, alten Säcken oder Brettern so befestigt werden, daß die Hühner nichts verscharren können, denn sicher findet sich in dem Mist oder Stroh das eine oder andere Korn und in der als Wärmedämmung dienenden Erde noch ein fetter Regenwurm
— Styropor als Isolationsmaterial kann nur an den für Hühner nicht zugänglichen Stellen verwendet werden, da sie es mit Begeisterung fressen
— Fenster und Türen nachts mit Strohmatten zuhängen, die tagsüber aufgerollt werden
— Und wenn das alles noch nicht ausreicht, muß eine Rotlichtlampe über die Schlafnische gehängt werden

Die Inneneinrichtung des Hühnerstalles

Zum Inventar des Hühnerstalles gehören:

Sitzstangen	
Kotgrube	
Scharr-Raum	
Legenester	
Futterbehälter	nur im Spätherbst
Grünfutterkasten	und Winter
Tränke	im Stall, sonst
Sandbad	im Auslauf

Bei der Planung und Gestaltung muß unbedingt bedacht werden, daß hin und wieder eine Putzaktion im Hühnerstall erforderlich ist. Der Kot muß von den Sitzstangen gekratzt werden, die Kotgrube sollte geleert werden und im Garten Verwendung finden, mindestens einmal monatlich müssen die Nester mit neuem Material gefüllt werden, um die Eier nicht unnötig mit Keimen zu konfrontieren.

Am besten ist die Inneneinrichtung so anzubringen, daß beim Saubermachen die Sitzstangen leicht abgenommen, draußen abgescheuert und dann in der Sonne trocknen können, daß eben alles einfach zu reinigen ist. Umso leichter einem diese Großputzaktion (ca. 1-2 mal im Jahr ist ausreichend) erscheint, umso leichter ist es dann auch, sich dazu aufzuraffen. Ich weiß von mir selbst, wie sehr ich das Ausmisten immer vor mir her geschoben habe, nicht zuletzt, weil es in meinem alten Stall so umständlich war.

1) Sitzstangen

Ausgehend von den Gewohnheiten der Wildhühner, die die Nacht in Bäumen verbringen, muß den Haushühnern in ihrem Stall eine entsprechende Alternative geschaffen werden, da sie sich sonst draußen einen Schlafplatz suchen.

Die Sitzstangen, möglichst aus Vierkanthölzern, 5 cm breit und 5 cm hoch mit abgerundeten Kanten, sollte man in ca. 1 m Höhe so anbringen, daß sie leicht abnehmbar sind. Verwendet wird am besten kernfreies Holz, besser abgelagertes, das nicht mehr reißen kann und keine Ritzen bildet, in denen sich leicht Milben einnisten können, die zu den äußerst unangenehmen und bedrohlichen Hühnerparasiten zählen und deren Bekämpfung meist nicht ohne einen größeren Gifteinsatz abgehen wird.

Der Abstand der Sitzstangen voneinander soll 35 cm betragen und für den laufenden Meter Sitzstange können 4-5 Hennen gerechnet werden. Doch die Stangen sollten möglichst nicht länger als 3 Meter sein, da es sonst Probleme gibt, wenn sie zum Abscheuern nach draußen gebracht werden. Der Abstand der 1. Sitzstange von der Wand und der letzten vor dem Kotbrettende müßte ca. 25 cm betragen.

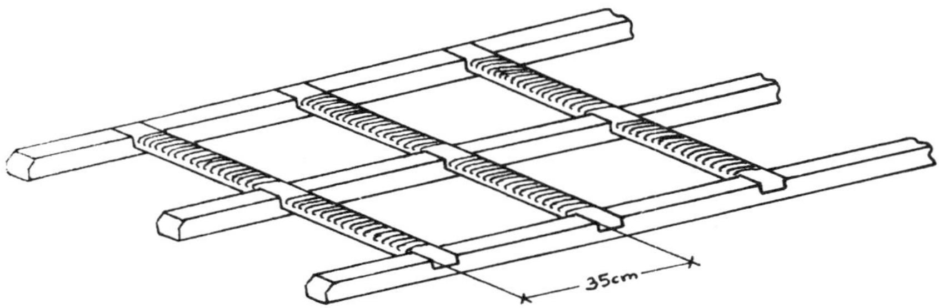

Sitzstangen
Abstand der Stangen 35cm
Länge der Stangen je nach Bedarf 2-4 m

Um nach dem Auffliegen abends ein permanentes Gehacke der Hühner um die besten Schlafplätze in den oberen Reihen zu vermeiden, bringt man die Sitzstangen am besten alle in der gleichen Höhe an. Sonst gehen nämlich die rangniedrigeren Hennen abends zuerst auf die Stange und nehmen die begehrten höheren Plätze ein, von denen die Ranghöheren sie dann später vertreiben.

2) Kotgrube

Unter den Sitzstangen sollte eine Kotgrube angelegt werden, was recht vorteilhaft sein kann:

— Die Hühner können nicht in ihrem eigenen Kot herumpicken und sich somit auch nicht so leicht mit einer der zahlreichen Geflügelkrankheiten infizieren.

— Von unten bietet die Kotgrube den Tieren nachts Schutz gegen Kälte und Zug.

— Der Nachtkot wird aufgefangen und kann nicht die Einstreu verschmutzen.

— Bei räumlich engen Bedingungen und wenn Schlaf- und Scharr-Raum nicht voneinander getrennt sind, besteht so die Möglichkeit, den Platz unter den Sitzstangen als Scharraum oder für die Legenester zu nutzen.

Damit sich diese Kotgrube nun nicht irgendwann zu einer stinkenden Belastung entwickelt, sollte sie so konstruiert werden, daß der Kot gut belüftet wird und trocknen kann. Dann stinkt es auch nicht. Der obere Holzrahmen der Kotgrube liegt mindestens 10 cm unter den Sitzstangen und wird mit weitmaschigem Draht (7x7 cm) bespannt. So kann der Kot gut durchfallen und die Hühner kommen nicht mehr daran und das Ganze liegt luftig. Auch vorn möglichst kein Schutzbrett anbringen, da die Belüftung gestört wäre. Wird der durch die Zersetzung des Kotes entstehende Ammoniakgeruch dann doch einmal zu stark, kann gelöschter Kalk darüber gestreut wvrden.

3) Scharr-Raum

Es wird immer einige Tage, vielleicht auch Wochen im Jahr geben, an denen die Hühner auf Grund des schlechten Wetters lieber stundenweise oder auch den ganzen Tag im Stall bleiben möchten, wo dann auch die ihrer Natur entsprechende Art und Weise der Futtersuche — nämlich das Scharren — möglich sein sollte. Wer die Tiere auch nur einmal kurze Zeit beobachtet hat, mit welcher Intensität sie scharren und wie sehr sie es lieben, im Stroh nach Körnern zu suchen, wird ihnen nicht einen Tag auf Drahtrost oder Steinboden ohne Scharrmöglichkeit wünschen.

Die Einstreu sollte immer trocken und locker gehalten werden, vielleicht muß man auch hin und wieder nachstreuen.

Als Einstreumaterial kann benutzt werden:

— Gemisch aus Roggen- oder Weizenstroh, Hobelspänen (nur von unbehandeltem Holz, da manchmal Streu gepickt wird — Gifte!) und 5 % Pferdemist in einer Höhe von 30 cm;

oder:

— Getreideabfälle;

— Sägemehl (Achtung! Nur von unbehandeltem Holz. Wenn die Hühner mal einige der Späne aufnehmen, gehen die Giftstoffe auch in Eier und Fleisch über!);

— Farnkraut;

— Laub;

— Stroh.

4) Legenester

Wenn keine Nester im Stall sind, werden sich die Tiere selbst etwas passendes zum Legen suchen, nämlich eine abgedunkelte, erhöhte Stelle oder vielleicht auch einen passenden Busch im Auslauf. Wem das Suchen nach den Eiern auf die Dauer zu anstrengend wird — die Hennen sind im Nestsuchen sehr phantasievoll und abwechslungsreich — der baue also lieber Nester.

Üblich sind drei verschiedene Arten von Legenester:

— Gemeinschafts- oder Familiennester

— Einzelnester

— Fallnester.

Den Hühnern scheint das Gemeinschaftsnest, in dem sie manchmal ganz eng beieinander sitzen, am besten zu gefallen. So ein Nest ist einfach ein geschlossener Kasten mit Ein- und Ausgang in einer Größe von 1 qm (für 50 Hennen). Die Einstreu (am besten Spreu, da die Eier darin versinken, sauber bleiben und leicht einzusammeln sind) darin sollte ziemlich hoch sein, ca. 20 cm. Hin und wieder mal nachstreuen.

Häufiger gibt es immer noch die Einzelnester in einer Größe von ca. 30-35 cm Länge und 40 cm Höhe. Auf 1 Nest sind 5 Hennen zu rechnen, also 4 Nester bei 20 und 6 Nester bei 30 Tieren. Als Legenest würden auch einfache Marktkisten aus Holz in der angegebenen Größe ausreichen.

Da nicht selten die höher gelegenen Nester bevorzugt werden, ist es wohl besser, eine längere Nesterreihe zu bauen,als zwei kürzere untereinander.

Höher als 80 cm sollten die Legenester nicht liegen, damit die Tiere sie immer gut erreichen können, sonst müßte ein Hühnertreppchen gebaut werden. Die Nester könnten, wie schon erwähnt, unter der Kotgrube angebracht oder an anderer passender Stelle an die Wand gehängt werden. Freistehende Nester sind mit einem schrägen Dach vor dem Verkoten zu schützen. Nestmaterial kann sein:

— Farnkraut
— Hobelspäne von nicht behandeltem Holz
— Heu. (da Eier leicht Geruch und Geschmack annehmen, darf das Heu nicht zu frisch (intensiver Kräuterduft), nicht feucht und muffig sein.)

Nestmaterial muß immer sauber gehalten werden, die Eier sollten nicht mit Kot in Verbindung kommen! Verkotete und beschmutzte Eier sind nicht Markenzeichen der Produkte von freilaufenden Hennen, sondern Kennzeichen unsauberer Nester.

Auf die Fallnester möchte ich hier nicht näher eingehen. Wer sich für Einzelheiten interessiert, kann bei Sperl oder Rockstroh (siehe Literaturliste) nachlesen. Wo nicht konkrete und einsehbare Gründe vorliegen (Zucht, Leistungskontrollen) sollte diese Art von Nestern keine Anwendung finden, da die Belastung für die Hennen zu hoch ist. Hat die Henne das Nest zur Eiablage betreten, kann sie nämlich nicht wieder heraus und muß warten bis der Mensch kommt.

5) Futter- und Trinkgefäße

Während im Frühjahr und Sommer die Futter- und Trinkgefäße an einer überdachten Stelle im Auslauf stehen können, sollten sie im Herbst und Winter eher im Stall stehen.

Es muß dann ein Platz gesucht werden, wo zum einen das Futter sauber bleibt und nicht durch Scharren mit Einstreu und Kot verschmutzt werden kann und auch die Einstreu nicht zu schnell durch Verspritzen von Futter und Wasser feucht und muffig wird.

Dafür vorteilhaft ist der Bau eines Futtertisches, ca. 50 cm hoch, oder das Aufhängen von Tränke und Trog an der Stalldecke, so daß die Gefäße etwas über dem Stallboden hängen.

Im Handel gibt es verschiedene sehr praktische Futter- und Trinkgefäße zu kaufen, allerdings nicht gerade billig:

—Hühnertränke mit automatischem Wassernachlauf für:
Küken (1 Liter) aus Kunststoff: 3,- bis 6,- DM
10 Hühner (2 Liter) aus Kunststoff: 4,50 bis 8,- DM
15 Hühner (3 Liter) aus feuerverzinktem Blech: 25,-DM
20 Hühner (5 Liter) aus Kunststoff: 8,- bis 13,- DM
20 Hühner (5 Liter) aus feuerverzinktem Blech: 30,-DM
30 Hühner (10 Liter) aus feuerverzinktem Blech: 40,-DM

—Geflügeleimer für:
40 Hühner (12 Liter) mit automatischem Wassernachlauf: ca. 40,-DM (feuerverzinktes Blech), schwer zu reinigen, daher etwas unpraktisch.

—Futterautomat zum Aufhängen oder Hinstellen aus verzinktem Blech:
10 Liter: 65,- DM
20 Liter: 80,- DM

—Futtertrog, 1 Meter lang, mit Sperrgitter:
für 20-30 Hühner aus verzinktem Blech: 50,- DM

Wem diese Geräte zu professionell erscheinen, kann die Körner natürlich auch in den Auslauf streuen und für das Weichfutter bereits vorhandene alte Schalen und Tröge verwenden, die am besten möglichst flach und entsprechend der Zahl der Hühner lang genug sind.

Um zu verhindern, daß die Hühner das Futter völlig in der Gegend verscharren oder verkoten, kann die Montage von 2-3 Schutzleisten sehr sinnvoll sein. Als Material kann Holz, Metall, lackgebranntes Blech oder Aluminium genommen werden, jedoch nicht verzinktes Blech, da es bei Verfütterung von saurer Milch oxidieren und das Futter vergiften würde. Bei Futtertrögen sollte für je 15-20 Hennen 1 Meter Trog ausreichend sein. Die Tröge möglichst nur 2/3 bis 3/4 voll füllen, damit nicht zuviel Futter vergeudet wird.

Für die Verfütterung von Grünzeug ist ein von der Decke hängender Drahtkorb in Schnabelhöhe sehr zu empfehlen. Ebenfalls in Schnabelhöhe sollten im Stall an passender Stelle 2-3 dicke Nägel in die Wand geschlagen werden, auf die Rüben im Herbst und Winter als Zusatzfutter aufgespießt werden.

Trinkbehälter sind entweder alte Kochtöpfe, die jedoch den Nachteil haben, daß sie schnell umgeworfen werden oder im Sommer mal ein Küken darin ersaufen kann. Besser sind da schon die speziellen Hühnertränken, aus denen immer frisches, sauberes Wasser nachläuft. Hühner haben einen sehr hohen Wasserbedarf, besteht doch das Ei zu 65 % aus Wasser, so daß mit Steigerung der Legetätigkeit auch der Wasserverbrauch steigt.

10 Hennen benötigen täglich 2 Liter Wasser, 20 Hennen benötigen 5 Liter und 40 Hennen 10 Liter täglich. Für eine kleine Hennenherde oder die Küken kann aus einer Flasche und einem größeren Blumenuntersatz so eine Tränke selbst hergestellt werden.

Dazu wird am besten eine Flasche mit einigen starken Drähten so an einer Wand befestigt, daß der Flaschenhals unterhalb des Randes des Blumenuntersatzes liegt. Dann läuft immer gerade soviel frisches Wasser nach, wie ausgetrunken wird. Bei einer täglichen Wassermenge von mehr als 2 Litern ist das Selberbauen allerdings nur schwer möglich.

Ferner ist auch ein Gritbehälter erforderlich, der 3 Abteile enthalten soll, nämlich für:

— Grit (kleine Steinchen sind im Magen Verdauungshilfe);
— Muschelkalk (für die Knochen und Eischalenbildung);
— Holzkohle (vorbeugend gegen Verdauungsstörungen, Durchfall, Blähungen, da sie Gase und überschüssige Säure bindet).

Tränke

Gritkasten

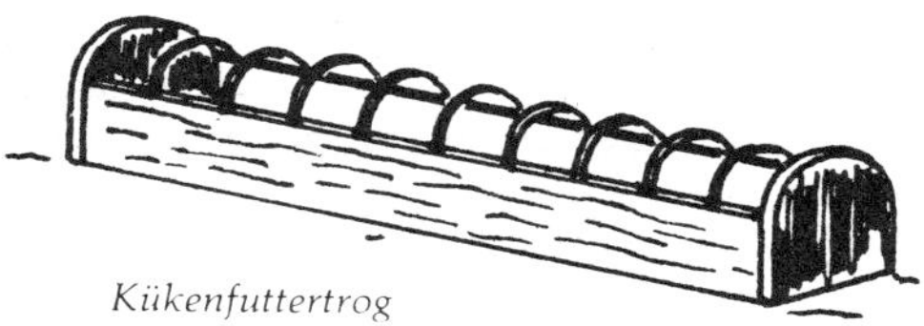

Kükenfuttertrog

Blumentopftränke

6) Sand- bzw. Staubbad

So wie Tränke und Futtergefäße steht auch das Staubbad nur während der kälteren Jahreszeit im Stall, und dann an einer hellen Stelle des Stalles.

Das tägliche Staubbad ist für das Wohlbefinden der Tiere unbedingt erforderlich und jeder, der die Hühner dabei beobachtet hat, weiß, wie wichtig dieses auch in Gemeinschaft mit anderen für sie ist.

Eine große Kiste oder Wanne mit Sand, Staub oder Holzasche oder einem Gemisch reicht für diese Zwecke völlig aus. Ein Zusatz von getrockneter und zerriebener Kamille oder Farnkraut ist zum Vertreiben von Außenparasiten empfehlenswert. Für 10-15 Hühner genügt eine Badefläche von ca. 60x120 cm, für eine Herde von 30 Hühnern werden 100x150 cm benötigt. Die Sandtiefe soll etwa 20 cm betragen.

Der Hühnerwagen

Früher war der Hühnerwagen besonders für Jungtiere eine recht beliebte Möglichkeit zur Futterersparnis. Nachdem die Weiden abgemäht, die Getreidefelder abgeerntet waren, konnte man die Tiere im Hühnerwagen eine Zeit lang weiden lassen. Nachts schliefen sie im Hühnerwagen.

Um die Bildung von Kahlstellen auf den Feldern zu vermeiden, wurde der Wagen hin und wieder versetzt. Gleichzeitig erwies sich das als sehr nützlich, da die Hühner eine ziemliche Menge an Samen unerwünschter Pflanzen und Insekten vertilgen.

Auch wenn eine solche Nutzung freifutterspendender Felder und Weiden fast in Vergessenheit geraten ist, kann so ein Hühnerwagen dennoch sehr sinnvoll ein. Ist auf Grund der ungünstigen Lage des Stalles der Auslauf nicht zu unterteilen, aber gerade das Stück Land um den Stall herum stark verkotet und hühnermüde, so daß es ein Jahr lang nicht von Hühnern belaufen werden soll, ist ein Hühnerwagen sehr nützlich. Als Hühnerwagen sehr geeignet ist eine alte Baubude, die meist auch sehr gut isoliert ist.

Der Putenstall

Die Ausführungen zum Hühnerstall können auf die Puten übertragen werden, nur muß alles etwas größer sein. Doch zusammen mit Hühnern sollen die Puten möglichst nicht gehalten werden, denn insbesondere ältere Hühner übertragen den Krankheitserreger der Schwarzkopfkrankheit auf die Puten, ohne selbst daran zu erkranken. Die Schwarzkopfkrankheit ist die gefürchteste Aufzuchtkrankheit bei Puten.

Puten sind sehr robust und wetterhart, so daß auf Grund ihrer Frostunempfindlichkeit die für den Hühnerstall beschriebene Isolierung, eventuell eine doppelwandige Bauweise, nicht erforderlich ist. Was die Größe des Stalles betrifft, muß von einer Mindestfläche von ca. 1 qm je Tier ausgegangen werden.

Die Sitzstangen sollten nicht mehr als 80 cm vom Fußboden entfernt angebracht werden und ein Kotkasten darunter, maximal 20 cm tiefer. Der Abstand der Sitzstangen voneinander sollte 60 cm betragen und je Pute ist eine Sitzstangenlänge von 40 cm erforderlich. Für die Sitzstangen eignen sich am besten 10 cm dicke Rundhölzer.

Da die Puten nicht scharren, muß im Stall auch keine Scharr-Ecke für die Tage eingerichtet werden, an denen sie freiwillig im Stall bleiben wollen.

Der Gänsestall

Gänse haben keine besondere Beziehung zu ihrem Stall. Sie sind durch ihr Daunen- und Federkleid gut geschützt, so daß es für sie lediglich wichtig ist, ein trockenes Lager zu haben.

Sie könnten also ohne weiteres von Frühling bis Herbst auch nachts draußen bleiben, wenn für sie keine Gefahr, etwa durch Marder besteht. So können sie auch ihre Fähigkeiten als „Wachhund" unter Beweis stellen.

Bei uns hat vor 4 Jahren eines nachts ein Marder dem Ganter den Kopf abgebissen, er sollte also in seiner Kühnheit nicht unterschätzt werden.

Als Unterkunft für die Gänse reicht ein Eckchen im Hühnerstall oder ein abgetrenntes Stück in einem Schuppen. Vielleicht sind ja auch noch Schweineboxen vorhanden, die hervorragend geeignet sind. Wer etwas Neues für die Gänse schaffen möchte, kann ein einfachwandiges Hüttchen bauen, gerade so hoch, daß ein Mensch beim Ausmisten gut drin stehen kann. Zugfrei und trocken sollte es schon sein. Außen in Gänsehöhe angenagelte Säcke (1 m hoch) verhindern Zugluft. Falls die Gänse nicht durch eine Tür hinausgelassen werden sollen, muß das Schlupfloch eine Größe von 50 cm Höhe und 50 cm Breite haben.

Die Größe der Unterkunft ist abhängig von der Anzahl der Tiere, die gehalten werden sollen, wobei 1 qm je Gans ausreichend ist. Die einzige Inneneinrichtung im Gänsestall ist das Nest zum Eierlegen und Brüten im Frühjahr. Für jede Gans muß ein Nest zur Verfügung gestellt werden, das 0,60 m breit, 0,80 m lang und ca. 1 m hoch sein soll.

Die Einstreu — und darauf ist zu achten — muß trocken sein, damit besonders auch im Winter durch die Feuchtigkeit im Stroh das Wohlbefinden der Tiere nachts nicht gestört wird.

Die nach Süden gerichteten Fenster können mit einem Drahtgitter versehen und so bei günstigem Wetter immer ausgehängt werden.

Von Vorteil ist es, wenn der Fußboden ein wenig höher gelegen ist als der Erdboden, damit Schnee und Regen abgehalten werden.

Der Entenstall

Für die Enten ist ein Stall lediglich Unterkunft in der Nacht und nicht unbedingt notwendig. Sie haben keine besondere Beziehung zu ihrem Stall, können auch sehr gut draußen schlafen, denn sie haben genau wie die Gänse genügend Schutz vor Kälte durch ihr Federkleid. Enten lieben auch nächtliche Wanderungen und sind schwer daran zu gewöhnen, sich nachts freiwillig im Stall einzufinden, wenn sie erst einmal festgestellt haben, daß es auch ohne geht. Dann können sie nämlich auch morgens früher losmarschieren und müssen nicht warten, bis der Mensch sie herausläßt. Auch für die Enten kann der Marder eine Gefahr darstellen, so daß sie, wenn es Marder in der Nähe gibt — und so selten sind sie nicht — nachts im Stall schlafen sollten.

In bereits vorhandenen Ställen oder einem Schuppen kann für die Enten eine Ecke abgeteilt werden. Wenn mehrere Enten gehalten werden, sind je Tier mindestens 0,50 qm Stallgröße zu rechnen. Die Fenster sollten möglichst nicht in Sichthöhe der Enten sein, da die schreckhaften Tiere nachts leicht aufschrecken, wenn sie Schatten wahrnehmen.

Die Inneneinrichtung im Entenstall besteht lediglich aus einer dicken Stroheinstreu (immer nachstreuen, damit es nie feucht auf dem Boden ist) und einem Nest für jede Ente, 35 cm breit, 50 cm tief und 35 cm hoch. Auch dem Erpel soll ein Nest gebaut werden, wie ich kürzlich in einem älteren Buch der Geflügelhaltung las! Das Schlupfloch zu ebener Erde ist 35 cm breit und 35 cm hoch.

Futter- und Trinkgefäße sollte man den Enten nicht in den Stall stellen, da sie durch das Gespritze beim Fressen und Saufen die Einstreu sehr schnell durchnäßt haben.

Auch Enten lassen sich leicht dazu verleiten, sich von ihrem Stall weit zu entfernen. Ich hatte mal Moschus- bzw. Warzenenten, die sich angewöhnt hatten, im frisch angelegten Zierteich (300 m vom Auslauf entfernt) eines Nachbarn zu baden. Es war ihnen nicht abzugewöhnen. Schließlich blieb mir nur die Möglichkeit, die Flügel zu beschneiden.

Der Auslauf

Der Auslauf am Hühnerstall

Ein Auslauf ist wesentliche Voraussetzung artgerechter Hühnerhaltung. Nicht jeder Auslauf ist jedoch gleich ein kleines Paradies. Die Qualität einer Hühnerweide ist abhängig von

—Größe,
—Grasnarbe,
—Anordnung und Vorhandensein von Bäumen und Sträuchern,
—Möglichkeiten, Wechselausläufe zu schaffen.

Generell fördert jedoch die Einwirkung von Sonnenlicht, frischer Luft, die Bewegung — kurz: das Draußensein — das Wohlbefinden der Tiere. Die Möglichkeiten, die ein Auslauf den Tieren bieten kann, kommen ihren natürlichen Lebensgewohnheiten nahe und tragen somit zur Steigerung von Lebenskraft, Widerstandsfähigkeit gegenüber Krankheiten und Leistungsfähigkeit bei.

Die Größe des vorhandenen Auslaufs wird auch die Anzahl der Hühner bestimmen, die gehalten werden können. Die Mindestanforderungen von 15-20 qm je Huhn erscheint mir etwas knapp bemessen, muß aber wohl als realistisch bezeichnet werden. Und auch 5 qm sind noch akzeptabel, was mir persönlich schwer fällt, da ich meinen

Tieren einen fast unbegrenzten Auslauf bieten kann.

Das ,,Hühner-KZ" im Hinterkopf und als dessen Alternative die intensive Bodenhaltung vor Augen darf ich die Realität nicht aus den Augen verlieren. So soll auch der, der nur ein kleines Fleckchen zur Verfügung hat, das vielleicht zu allem Überfluß auch noch betoniert ist, nicht auf Hühner verzichten müssen.

Mit etwas Mühe kann auch hier ein kleiner Auslauf geschaffen werden, vorausgesetzt, daß das Regenwasser ablaufen kann. Es wird dann eine dicke Lage Stroh in den Auslauf gestreut und das betonierte oder gepflasterte Hofstück ist zu einem kleinen Hühnerauslauf geworden. Das obere Stroh bleibt relativ trocken und in den unteren Schichten, in die auch der Kot gelangt, kommt es zu Umsetzungen, die denen im Komposthaufen ähneln. Gelegentlich muß das Stroh erneuert werden. Für so kleine Ausläufe sollten schwere, mittelschwere oder Zwergrassen angeschafft werden. Tiere der leichten Rassen sind für solche Ausläufe nicht geeignet.

Aber auch in großen Ausläufen wird sich das Federvieh meist in Sichtweite des Stalles aufhalten, weil es sich dann am sichersten und wohlsten fühlt. Daher wird auch die Grasnarbe etwa 50 m um den Stall herum stärker beansprucht sein als die weiter entfernte.

Werden Staubbad, Futter- und Trinkgefäße weiter entfernt aufgestellt und bietet der Weg vom Stall dorthin ausreichend Deckungs- und Schutzmöglichkeiten durch Büsche, Sträucher oder Baumgruppen, können die Tiere motiviert werden, sich auch weiter im Auslauf zu verteilen. Die Lauferei mit Futter und Wasser zu den entfernten Stellen kann allerdings recht belastend sein. Freie Flächen werden von Hühnern nur sehr ungern überquert. Doch auch dann, wenn ausreichende Möglichkeiten vorhanden sind, um sich vor Gefahren aus der Luft, vor Wind und Regen zu schützen, werden ihre Ausflüge nicht weiter als 300 m vom Stall entfernt enden.

Noch stärker beansprucht ist der Kreis von 2 m um den Stalleingang, der manchmal somit auch zu einem Krankheitsherd werden kann, wenn die Tiere ständig in ihrem Kot picken. Es ist dort wohl sinnvoll, einen Lattenrost auszulegen oder Kies aufzuschütten. Der Kot kann dann gut vom Regen oder mit dem Wasserschlauch vom Kies gespült werden, wenn darunter Sand oder Schotter liegt, der die Feuchtigkeit aufnehmen kann.

Als ,,hühnermüde" ist ein Auslauf dann zu bezeichnen, wenn die einseitige Beanspruchung der Weide durch Hühner dazu geführt hat, daß die Grasnarbe zerstört ist, was bei kleineren Ausläufen sehr schnell gehen kann. Aber auch aus verscharrten Maulwurfshaufen und aus den von den Hühnern selbst geschaffenen Sandbadeplätzen können Kahlstellen im Grünwuchs entstehen, die sich immer weiter ausweiten, wenn nichts dagegen unternommen wird. In einem unbedeckten Boden ist aber das Bodenleben gestört und mithin auch das Angebot an Würmern, Insekten, Larven und anderem Getier, das eine natürliche Eiweißquelle freilebender Hühner ist, beschränkt.

Das Anlegen von Wechselausläufen schafft hier Abhilfe. Dazu müssen Stall und Auslauf so angeordnet sein, daß die Tiere mal in den einen und mal in den anderen Auslauf gelassen werden. So kann ein Auslauf immer ruhen, es kann nachgesät werden und die Grasnarbe regeneriert sich, während die Tiere nebenan weiter im frischen Grün picken und scharren.

Sandbad

Bei schönem Wetter nehmen die Tiere ihr tägliches Staubbad am liebsten an einer windgeschützten Stelle im Halbschatten des Auslaufes. Die Sandbadekiste aus dem Hühnerstall muß überdacht werden, damit sich das Bad nach dem Regen nicht in eine Schlammkiste verwandelt. Steht im Auslauf keine Sandbademöglichkeit zur Verfügung, so werden sich die Hühner bald selbst nach geeigneten Plätzen umsehen, was für den Grünwuchs in keinem Fall positiv sein wird.

Futter und Tränke im Auslauf

Wer täglich im Auslauf füttern möchte, sollte dabei möglichst nicht die Weide als Futterplatz wählen, da der Grünwuchs dann sehr schnell zerstört wird. Ich habe oft extra Stellen im Garten als Futterplatz gewählt, die voll von unerwünschten Pflanzen stehen. Die Hühner haben durch ihr Scharren und Picken diese Ecken frei gemacht, so daß ich nicht mehr zu mähen brauchte.

Die Tränke sollte nie in der prallen Sonne stehen, sondern im Schatten, damit das Wasser immer etwas kühl bleibt. In größeren Ausläufen empfiehlt sich das Aufstellen mehrerer Trinkgefäße an verschiedenen Stellen. Haben sich die Tiere dann erst einmal an die festen Trinkplätze gewöhnt, werden sie auch nicht so leicht das manchmal stinkende Wasser aus alten Pfützen trinken.

Wer auch Schafe hält, sollte das Futter der Hühner im Auslauf möglichst vor dem großen Appetit der Schafe schützen, was oft nicht einfach ist.

Der Zaun

Das Ziehen eines Zaunes gehört auch zu den Arbeiten, die nötig sind, ehe überhaupt das erste Huhn da ist. Und der Zaun soll lieber 10 cm zu hoch sein als 5 cm zu niedrig. Überfliegende Hühner können einem nämlich viel Ärger machen,wenn sie die frische Saat im Garten des Nachbarn verscharrt haben oder vielleicht schon den Salat und die ersten Erdbeeren geerntet haben und wenn sie dreimal am Tag zurückgetrieben werden müssen. Im Endeffekt bleibt einem dann meist nichts anderes übrig, als den Überfliegern die Flügel zu beschneiden. Grundsätzlich ist diese Verstümmelung abzulehnen, da diese Bewegungseinschränkung von den Tieren sehr negativ erlebt wird. Im äußersten Notfall werden die Schwungfedern eines Flügels beschnitten, was kaum zu sehen ist, jedoch können so beschnittene Hühner beim Fliegen das Gleichgewicht nicht mehr halten.

Besser ist es, zunächst vielleicht Draht oder Fäden versetzt über den zu niedrigen Zaun zu spannen.

Noch besser ist natürlich ein Zaun in richtiger Höhe: Hühnerzaun hat eine Drahtstärke von 1,2 - 2 mm und eine Maschenweite von 50 - 70 mm. Leichte Rassen benötigen eine Höhe von 2 - 2,20 m, für mittelschwere und schwere Rassen reichen 1,50 m völlig aus. Und wer Küken haben möchte, sollte vom Erdboden bis in 50 cm Höhe Kükendraht mit einer Maschenweite von 20 - 25 mm spannen, denn auch Küken können ebenfalls die Nachbarn verärgern, wenn sie im Gemüsegarten alles verscharren. In seinem eigenen Gemüsegarten wird ja wohl auch im Frühjahr und Sommer niemand Hühnerküken halten.

Die Weide der Puten

Die Pute, ursprünglich Tier des Waldes und der Steppe, verlangt auf Grund ihres großen Weidebedürfnisses einen möglichst großen, besser noch unbegrenzten Auslauf. In der Literatur wird eine Mindestfläche von 30 qm je Tier für erforderlich gehalten, das heißt, wer ein Zuchtpaar halten will, das erwartungsgemäß vielleicht 10 Küken ausbringt, sollte mindestens 250 qm zur Verfügung stellen können. Puten machen — auch mit ihren Kleinen — sehr gern weite Ausflüge und suchen sich dabei einen Großteil ihres Futters selbst, wenn die Qualität der Weide dies zuläßt.

Puten, besonders aber die Jungtiere, sind sehr empfindlich gegenüber Hitze, so daß in ihren Ausläufen schattenspendende Büsche oder Baumgruppen niemals fehlen dürfen.

Die Sandbadegelegenheit (für 5 Puten reicht eine Kiste von 0,60x1,20 m und für 10 Puten sollten lieber 2 Sandbäder als eine größere geschaffen werden) sollte — wie bei den Hühnern beschrieben — im Halbschatten stehen und muß unbedingt überdacht sein.

Auch Futter- und Trinkgefäße können im Freien stehen. Geeignet sind solche, wie sie schon bei den Hühnern beschrieben wurden, nur entsprechend größer. Der Zaun einer Putenweide muß etwa 1,80 m, besser noch 2 m hoch sein. Wenn dann immer noch Tiere überfliegen, kann noch Draht gespannt werden. Wer vor dem Problem steht, die Flügel zu beschneiden, sollte dies beim Hahn nur beidseitig, besser gar nicht machen. Dieses doch recht schwere Tier kann dann nämlich bei der Begattung das Gleichgewicht verlieren, wenn er auf der Pute sitzt.

Wer nicht so gern jeden Tag auf Eiersuche gehen möchte, sollte den Puten ein Familiennest im Auslauf einrichten, da sie — auch auf der Weide — gern jede Ecke, jeden Busch, zum Eierlegen nutzen.

Für Puten ist der schon bei den Hühnern beschriebene Wechselauslauf sehr zu empfehlen. Je kleiner ihr Auslauf, desto notwendiger scheint auch hier die Möglichkeit zu sein, die Grasnarbe zu schonen. Zwar scharren die Puten nicht, doch können sie mit ihrem sehr starken Schnabel eine gute Grasnarbe schnell zerstören. Das Gras sollte nie kürzer als 7-10 cm abgebissen werden!

Die Gänsewiese

Gänse sind ausgesprochene Weidetiere, sie suchen sich ihr Futter am liebsten auf der Weide. Daher ist der Auslauf für sie von großer Bedeutung. Wenn keine ausreichend große Weide mit guter Grasnarbe zur Verfügung steht, sollten auch keine Gänse gehalten werden.

Auch wenn pro Gans 250 qm Land als ausreichend bezeichnet werden, würde ich von einer Gänsehaltung grundsätzlich abraten, wenn die zur Verfügung stehende Fläche — egal, ob 2 oder 4 Tiere gehalten werden sollen — nicht eine Mindestgröße von 1000 qm hat. Für die Aufzucht der Jungtiere sollen nämlich nochmal mindestens 100 qm je Gössel hinzugeplant werden. Wer also ein Zuchtpaar halten möchte, das voraussichtlich 6 Kleine ausbrütet, benötigt sowieso schon mehr als 1000 qm Wiese.

Gänse entfernen sich außer Sichtweite ihres Stalles, wenn sie von einem Ziel angelockt werden (z. B. Teich). Bereits nach dem ersten Ausflug finden sie problemlos wieder zurück.

Da die Gänse sich mit Großvieh sehr gut vertragen können, wurden sie früher oft mit Rindern, aber auch mit Schafen auf einer Weide gehalten. Auf Grund der unterschiedlichen Weidequalitäten ist es kaum möglich, hier Anhaltszahlen zu nennen. Meiner Erfahrung nach kann ein Zuchtpaar mit seinem Nachwuchs gut auf einer Wiese mitlaufen, die für 5 Schafe ausreichend ist. Doch darf diese Wiese nicht so stark abgefressen werden. 7-10 cm hoch sollte das Gras schon noch stehen bleiben, um nicht die Grasnarbe zu gefährden.

Früher brachte man Gänse und Schafe zusammen auf die Stoppelweiden. Insbesondere auf Hafer- und Bohnenstoppelweiden ergänzen sich Gänse und Schafe in ihren Freßgewohnheiten. Während das Schaf nur die Ähren und Halme aufnimmt, frißt die Gans noch das einzelne Korn und natürlich auch das Wildkraut. Doch gerade die Bedeutung von Gänsen als Wildkrautvertilger scheint inzwischen völlig in Vergessenheit geraten zu sein.

Oft ist in diesem Zusammenhang die Befürchtung zu hören, daß Gänse die Weide für Schafe und alle Großvieharten durch ihren Kot verderben, daß Rinder, Pferde und Schafe das Gras nicht mehr fressen mögen, wenn Gänse mitweiden. Diese Annahme ist nicht richtig. Nur eine übermäßig hohe Anzahl von Gänsen als mitweidendes Federvieh wird problematisch, nicht zuletzt deshalb, weil sie auch Futterkonkurrenten sind.

Bei einer gemeinsamen Beweidung durch Gänse und Großvieh kann 1/3 der Weide für die Gänse gerechnet werden. Wer also die Möglichkeit hat, seine Gänse auf die Rinderweide des benachbarten Bauern zu bringen, sollte berücksichtigen, daß 10 bis 12 Gänse auf einer Weide von 1 ha mit 2 Rindern genug sind, um die Weide nicht zu sehr zu beanspruchen. Das Pferd beißt das Gras kürzer als die Kuh und das Schaf kürzer als das Pferd, während die Gans die Weide im wahrsten Sinne des Wortes rasiert, also nichts mehr für andere Tiere übrig läßt, wenn die Weide mit Gänsen überbesetzt ist.

Nach meiner Erfahrung können die Gänse auch mit den anderen Geflügelarten zusammen gehalten werden. Vielleicht werden sie hin und wieder ein Huhn oder gar den Hahn entsetzlich beißen oder die Ente einmal bei einem Seitensprung begatten. Doch wenn die Weide groß genug ist und für jeden ausreichende Möglichkeiten der Flucht bietet, halte ich eine gemeinsame Haltung für vertretbar.

Optimal wäre es natürlich, die Tiere entsprechend ihres natürlichen Lebensraumes nach ihrer Art getrennt zu halten. Doch realistisch gesehen reicht es wohl, lediglich zur Zeit der Brut und Aufzucht für die Küken mit den Elterntieren getrennte Ausläufe zu schaffen.

Auf der Gänseweide darf natürlich die Badegelegenheit nicht fehlen, schließlich sind Gänse Wassertiere. So paaren sie sich am liebsten und auch am besten im Wasser und die Liebeszeremonie ist praktisch an das Vorhandensein von Wasser gebunden.

Doch nicht nur deshalb, sondern einfach weil diesen Tieren das Wasser so wichtig ist, darf der Mensch diese Liebe zum Wasser nicht einfach ignorieren, nur weil es auch „ohne" geht.

Ideal ist natürlich ein Teich oder auch ein flaches, großes Wasserbecken (2 m breit, 2 m lang und mindestens 0,5 m tief). Ein flacher Bottich oder Wassereimer sind im Grunde immer nur dürftiger Ersatz. Diese kleinen Planschgelegenheiten müssen täglich erneuert werden. Damit an den Wasserstellen nicht alles total verschlammt, sollten diese kleinen Wasserbottiche auf einer Kiesunterlage oder einem anderen wasserdurchlässigen Material aufgestellt werden.

Da es auch den Gänsen im Sommer mal zu heiß werden kann, sind sie über Bäume und Sträucher als Schattenspender sehr erfreut.

Abraten würde ich von dem Versuch, irgend einen Teil des Gartens, den Menschen und Gänse gemeinsam benutzen, mit Blumen zu verschönern. Das wird vergebliche Mühe sein, wenn nicht ein Zaun von mindestens 1 m Höhe den Gänsen den Zugang zu den Blumen versperrt.

Wer nun einen Teich für das Wassergeflügel anlegen will, muß zunächst ca. 0,90 m tief ausheben und hat dann das Problem der Abdichtung. Hier sollte der einzigen natürlichen Lösung, der Abdichtung durch Ton immer der Vorzug vor allen anderen Möglichkeiten werden sollte.

Das Aufbringen einer 20-30 cm dicken Tonschicht ist wohl von Arbeitsaufwand und Preis her die beste Möglichkeit, ein Absickern des Wassers zu verhindern. Wer in seiner Gegend Lehm- oder Tonboden hat, sollte sich jedoch genau erkundigen, denn mit zunehmender Tiefe kann auf eine undurchlässige Schicht auch wieder eine durchlässige folgen, so daß das Einbringen einer Tonschicht an gewünschter Stelle immer noch die sicherste Methode zu sein scheint.

Mit Hilfe eines Geflechtes aus biegsamen Strauchzweigen, auch Weidenruten, kann das Ufer eines solchen Teiches sehr gut befestigt werden. Zu klein sollte so ein Teich nicht geplant werden, da sonst die Belastung durch die Wassertiere — schließlich koten sie ja auch ins Wasser — zu groß ist. Besonders in regenarmen Sommern kann der Teich sehr schnell zu einer stinkenden Jauchekuhle werden.

Alle, die Hühner und Küken mit Gänsen oder Enten in einem Auslauf halten, sollten

Wassergefäße so sichern, daß kein Huhn oder Küken darin ertrinken kann. Enten- und Gänseküken können auch ertrinken, wenn sie in ein Gefäß mit Wasser fallen, das nur halb gefüllt ist. Sie werden dann lange versuchen, herauszukommen und irgendwann vor Erschöpfung ersaufen.

Der Entenauslauf

Selbst bei strengem Frost, Schnee und Regen, bei jedem Wetter wollen die Enten ihre Bewegungsfreiheit im Auslauf genießen. Während Hühner manchmal freiwillig im Stall bleiben, wollen das Enten fast nie. Da es im Winter passieren kann, daß sie durch hohen Schnee marschieren wollen und plötzlich nicht mehr weiterkommen, stecken bleiben und vielleicht sogar festfrieren, muß schon hin und wieder mal nach ihnen gesehen werden.

Im Sommer sind die Enten den ganzen Tag auf der Suche nach Futter im Auslauf. Sie fressen Schnecken, Würmer, Engerlinge, Käfer, Raupen, Gras und Grassamen. Ihre Fähigkeiten als Vertilger von Getier, das für Acker- und Gartenbau sowie einige Haustiere unerwünscht ist und heute fast ausschließlich mit hochgiftigen Mitteln bekämpft wird, brachten ihr früher die Bezeichnung ,,Feldpolizei" ein.

Der Zaun im Entenauslauf braucht nicht höher als 60 cm zu sein, vorausgesetzt natürlich, daß nicht gerade Warzenenten (auch Flugenten genannt) gehalten werden. Für diese weit verbreitete Entenart ist nämlich auch ein 2m hoher Zaun nicht ausreichend. Und ist in der Nähe der Weide ein kleiner Teich oder See, so haben sie das schnell entdeckt und werden nicht mehr abzuhalten sein, dort nach Schnecken, Fröschen, Laich und Kaulquappen zu suchen.

Sind es nur 1-2 Enten und ist der Teich groß genug, wird es dem Gewässer und den dort lebenden Tieren sicher nicht schaden. Problematisch wird es jedoch bei einer größeren Entenschar oder einem relativ kleinen Teich.

Da die Mehrzahl der Enten nicht fliegen kann, werden solche Probleme nur selten auftreten. Doch deshalb sollten sie nicht auf eine Badegelegenheit verzichten müssen. Noch mehr als die Gänse lieben sie es, auf dem Wasser zu schwimmen, ihr Futter dort zu suchen, zu baden und sich zu begatten. Also sollte man auch bei den Enten eine Badegelegenheit schaffen. Je schwerer die Entenrassen, desto notwendiger ist das Vorhandensein von Wasser für eine gelungene Befruchtung.

Wer einen Fischteich mit Karpfen oder Schleien hat, sollte seine Enten unbedingt dort schwimmen lassen, denn die Ausscheidungen der Enten beeinflussen die Teichwirtschaft sehr positiv. Allerdings dürfen sie nicht auf den Teich gelassen werden, wenn die Fische Nachwuchs haben, denn alles in der Größe von 3-15 cm können sie spielend verschlingen.

Im Entenauslauf dürfen schattenspendende Sträucher oder Bäume nicht fehlen und die Futter- und Trinkgefäße sollten möglichst an einer schattigen Stelle im Auslauf stehen. Eventuell muß der Futter- und Trinkplatz der Enten gegen zu starkes Verdrecken geschützt oder öfter mal gesäubert werden.

Exkurs: Das Sozialgefüge im Geflügelhof

Voraussetzung artgerechter Geflügelhaltung ist auch ein Wissen um die Sozialgefüge, so etwa die Berücksichtigung der Rangordnung und ihre Bedeutung für die einzelnen Arten.

Wer nämlich weiß, daß verschieden hoch angebrachte Sitzstangen im Hühnerstall zu ständigem Streit unter den Tieren vor dem Schlafen führen können, montiert die Sitzstangen lieber alle in gleicher Höhe.

Alle Arten von Geflügel brauchen den Kontakt zur Gruppe ihrer Art. Kein Federvieh würde freiwillig allein leben. Das Leben in der Gemeinschaft, oder auch einfach nur die Anwesenheit der anderen bietet dem Federvieh Schutz, Sicherheit und ein Gefühl der Stärke und Geborgenheit.

Nun hat sich die Bedeutung und der Ablauf des sozialen Lebens für die Haustiere im Laufe der Jahrhunderte stark verändert, doch konnten sich alle Arten einen beachtlichen Teil ihrer artspezifischen Sozialstruktur erhalten, die im Kükenalter besonders gut beobachtet werden kann.

Die Sozialbeziehung des Geflügels

Hühner

Hühner leben in einer sehr starr geordneten Rangfolge, die durch Kampf oder auch durch freiwillige Unterordnung ohne Kampf festgelegt worden ist. Die Einhaltung dieser Ordnung beruht auf der Grundlage, daß die Tiere sich gegenseitig genau kennen und wiedererkennen. Sie orientieren sich dabei am Gesicht, einem besonderen, ganz persönlichen Blick, den Kehllappen und dem Kamm, sowie den Augen, wenn die Hennen der gleichen Rasse angehören. Bei rassefremden Tieren orientieren sie sich zunächst am Gefieder und an der Körperform, können also auch verschiedene Tiere einer anderen Rasse zunächst nicht unterscheiden. Ein großer Kamm wirkt bedrohlich und einschüchternd, so daß diese Hennen teilweise auf Grund ihres äußeren Erscheinungsbildes um so manchen Rangkampf herumkommen.

Die ranghöheren Hennen haben nun das Recht, rangniedrigere von allen Plätzen wegzuhacken, sie regelrecht zu schikanieren. Sie hacken sie von Futter- und Wasserplätzen weg, als würden sie ihnen überhaupt nichts gönnen, vom Sandbad, weil sie genau dort einen Wurm suchen müssen, und vom schattigen Plätzchen, das sie jetzt selbst beanspruchen wollen. Und dennoch wollen die derart schikanierten Hennen ihren Lebensraum nicht aufgeben, sind enorm reviertreu. Versuche, ihnen ein eingezäuntes separates Plätzchen zukommen zu lassen, schlagen fehl. Das Leben in der Gemeinschaft ist so bedeutsam für jedes Huhn, daß es eben auch unter derart ungünstigen Bedingungen lieber in der Gemeinschaft lebt, als allein.

Zu Veränderungen der Rangfolge kann es kommen, wenn ein Huhn verschwindet, zum Beispiel weil es brütig ist. Nach der 3wöchigen Brutzeit haben die anderen es vergessen und die Rangordnung muß neu festgelegt werden. Ist eine ranghohe Henne sehr krank und besteht nicht mehr auf ihrer Stellung, verändert sich die Rangordnung ebenfalls.

Der Hahn hat in dieser Rangfolge als Ranghöchster neben seinen damit verbundenen Rechten auch einige wesentliche Pflichten zu erfüllen:

— Er hat die Hennenherde zusammenzuhalten und verhindert allein durch seine Anwesenheit viele Streitigkeiten unter den Hennen.

— Er warnt bei Gefahren aus der Luft oder vom Boden durch unterschiedliche Stimmlaute.

— Der Hahn beschützt seine Hennen vor Gefahren bzw. wehrt Gefahren ab, greift manchmal sogar Menschen an, wenn sie seinen Hühnern zu nahe kommen.

— Er lockt die Hennen, wenn er Futter gefunden hat und überläßt es ihnen großzügig.

— Auch bei der Nestsuche der Junghennen und nach längerer Legepause (Mauser, Brut) ist er behilflich.

Doch als Leittier kann der Hahn nicht bezeichnet werden. Bei längeren Ausflügen, z. B. zur Futtersuche, übernimmt er nicht immer die Führung. Die Richtung ergibt sich vielmehr rein zufällig und wird oft von den Hennen bestimmt. Jedes Tier läßt sich dabei von dem augenblicklichen Futterangebot leiten, entfernt sich aber in der Regel nicht weiter als 5 m von den Artgenossen.

Puten

Für die Puten haben Stall und Auslauf, also das Revier, keine sonderliche Bedeutung. Auch besteht keine erkennbare persönliche Beziehung der einzelnen Tiere untereinander. Puten gelten allgemein als wenig aufmerksam. Sie kennen einander nicht so genau wie die Hühner. Die Truthähne kennen auch oftmals ihre Rangstellung nicht und daher kommt es oft zu Kämpfen, wenn mehrere Puter gehalten werden. Kämpfe zwischen den Geschlechtern gibt es nicht. Schon im Kükenalter entwickeln sich bei beiden Geschlechtern voneinander unabhängige Rangordnungen. Bei den Puten wird die erkämpfte festgelegte Stellung durch Hacken gehalten. Puten hacken noch viel öfter nach den rangniederen Tieren, als es Hühner tun.

Die Auseinandersetzungen können, besonders bei den Putern, sogar tödlich verlaufen, und zwar wenn nicht genügend Ausweich- und Fluchtmöglichkeiten zur Verfügung stehen. Puten stellen sich nur sehr schwer auf neue Situationen um und es kann leicht zu Fehlleistungen kommen.

Enten

Das Zusammenleben der Enten kann als sehr gelockert bezeichnet werden. Eine feste Bindung an den Partner ist auf die Zeit der Fortpflanzung beschränkt. Mit Beginn sexueller Aktivität im zeitigen Frühjahr wird unter den bis dahin friedlich zusammenlebenden Enten und Erpeln eine Rangordnung erkämpft und mehr oder weniger genau eingehalten. Zum Ende der Paarungszeit erlischt das Interesse an den anderen Mitgliedern der Entengruppe, die Rangordnung verliert ihre Bedeutung und die Tiere leben nun wieder nebeneinander in lockerer Schar.

Für das Einzeltier ist das Zusammenleben in der Entenschar von großer Bedeutung. Diese lockere Gruppe vermittelt dem recht ängstlichen Einzeltier ein Gefühl der Sicherheit und Geborgenheit. Sie unternehmen auch alles gemeinsam und fühlen sich in dieser Schar sichtlich wohl.

Die nicht so festen Rangordnungen in der Zeit der Paarung werden in erster Linie am Futterplatz und beim Liebesakt behauptet. Ansonsten ist die Bereitschaft zur Unterordnung bei Enten kaum ausgeprägt. Vielleicht liegt das auch an ihrem geringen persönlichen Interesse aneinander.

Gänse

Das Leben der Gänse läuft innerhalb eines festgefügten Familienverbandes ab. Konrad Lorenz hat das soziale Leben der Graugänse sehr genau beobachtet und erforscht. Seine Beziehungen zu den Graugänsen sind ja allgemein bekannt und werden zum Teil etwas belächelt. Die Übertragung dieser Beobachtungen auf die Hausgans ist nicht ganz gerechtfertigt, da sie sich doch in vielen Punkten von der Graugans unterscheidet. Dennoch sind diese von Lorenz beschriebenen Beobachtungen auch für Hausgansbesitzer von ungeheurem Wert.

Sie geben Anhaltspunkte für viele bisher nur schwer einschätzbare Eigenbeobachtungen und wertvolle Hinweise für die artgerechte Haltung.

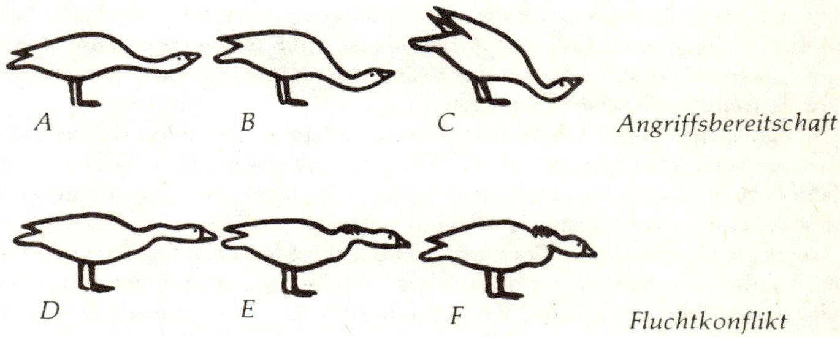

Drohgesten —
Angriffs- bzw. Fluchtkonflikte

Der Ganter, in der Regel auch das stärkste Tier in der Gänsegruppe, ist das ranghöchste Tier. Mit seiner, von vielen Züchtern nicht gerne gesehenen Eigenschaft, einer der ihm zugesetzten Zuchtgänse den Vorrang zu geben, also eine Lieblingsgans zu haben und dabei möglicherweise eine andere Gans völlig zu vernachlässigen, so daß ihre Eier unbefruchtet bleiben, erinnert er ein wenig an die so ausdrücklich bis ans Lebensende vollzogene Monogamie der wilden Graugänse.

Der Ganter wird von allen als Ranghöchster akzeptiert und geachtet. Die Rangfolge der Gänse beruht auf einem gegenseitigen persönlichen Kennen.

Der Ganter hat nun die Pflicht, seine Familie zu beschützen, Gefahren und Feinde abzuwehren. Und dieser Aufgabe wird auch der Hausganter gerecht. Stolz, eine Gefahr abgewehrt zu haben, kommt er dann laut schreiend zu seiner Gruppe zurück und die gesamte Gänsegruppe stimmt in sein Siegesgeheul mit ein.

Das Sexualverhalten des Geflügels

Den Tieren in der Intensivhaltung ist meist die Zeremonie von Balz und Paarung durch künstliche Besamung verwehrt. Tieren, die das ihnen wohl kaum bewußte Privileg eines freien Auslaufs genießen können, stehen hingegen verschiedene Äußerungsmöglichkeiten zur Verfügung, mit denen sie den ,,Tretakt" zu einem Paarungszeremoniell erweitern, wie es ihrem ursprünglichen Verhalten entspricht.

Hühner

Der Hahn verfügt über eine Reihe von Äußerungsmöglichkeiten, mit denen er Kraft, Stärke, Paarungsbereitschaft und anschließende Huldigung ausdrückt.

So ist das Krähen und auch ein kräftiges Flügelschlagen, das dem Krähen vorangegangen sein kann, ein Ausdruck von Kraft und Stärke, Zeichen der Revierbehauptung und auch ein Stück Selbstbehauptung. Das Krähen selbst versetzt den Hahn in einen rauschähnlichen Zustand. Er läßt sich durch nichts stören und nimmt kaum wahr, was um ihn herum vor sich geht. Lediglich das Krähen des Nachbargockels scheint ihn zu berühren und zu weiterem Krähen anzuregen.

Rangniedrige Hähne können manchmal am Krähen gehindert werden. Die Niederlage, etwa ein verlorener Kampf eines alten Hahnes mit einem neuen Gockel im eigenen Revier kann darüber hinaus eine Unfähigkeit zum Krähen zur Folge haben, die sofort wieder behoben werden kann, wenn der Konkurrent verschwindet.

Wenngleich die Henne über nur wenige für Menschen beobachtbare sexuelle Ausdrucksmöglichkeiten zu verfügen scheint — sie kann sich bereitwillig ducken, fliehen oder ausweichen —, so habe ich den Eindruck, daß sie diese relativ gezielt einzusetzen vermag. So ist sie um so seltener paarungsbereit, je höher ihr Platz in der Rangordnung des Hühnerstammes ist.

Hennen und Hähne scheinen durchaus fähig, eine Vorliebe oder intensivere Beziehungen zu bestimmten Artgenossen zu entwickeln. Das bemerkte ich vor ein paar Jahren bei einer Henne, die ich leihweise von einer Nachbarin als Glucke übernommen hatte. Nachdem ihre Küken selbständig geworden waren, hatte sie ein Auge auf den Gockel geworfen, der die Zuneigung zu teilen schien. Als ich diese Henne nun der Nachbarin zurückgegeben hatte und sie abends in ihren alten Stall gebracht hatte, kam sie im Laufe des folgenden Vormittags wieder zurück, vom Gockel mit stürmischen Kratzfüßen begrüßt. Ich versuchte die Rückgabe mehrere Tage hintereinander, ohne Erfolg. Auch der Gockel hatte morgens nichts anderes zu tun, als sogleich zum nachbarlichen Hühnergarten zu laufen, am Zaun ein wahrhaftes Theater zu vollziehen, bis die Henne schließlich über den Zaun flog und mit dem Hahn gemeinsam zurück kam. Schließlich einigte ich mich mit der Nachbarin. Niemand von uns wollte dieses Paar trennen und die Henne durfte schließlich bei ihrem Gockel in meinem Hühnerhof bleiben.

Bei diesen seltenen Vorlieben einiger Tiere kann im allgemeinen davon ausgegangen werden, daß Tiere der gleichen Rasse und Farbe bevorzugt werden, eheähnliche Verhältnisse aber nicht eingegangen werden.

Der Hahn wird immer bemüht sein, sich mit möglichst allen Hennen zu paaren, was von Bedeutung ist, wenn ausreichend befruchtete Bruteier vorhanden sein sollen. Wer auf eine gute Befruchtung angewiesen ist, sollte bedenken, das Hähne der leichten Rassen 15-20 Hennen befruchten, Hähne der mittelschweren Rassen 10-15 und die schweren Hähne möglichst nicht mehr als 7-10 Hennen in ihrem Stamm haben sollten.

Schwierigkeiten gibt es bei sehr großen Hühnergruppen mit mehreren Hähnen. Eigentlich ist jeder Hahn bestrebt, einen kleinen Hühnerstamm um sich zu haben. Es sollten sich also mehrere kleine Völker innerhalb einer Großgruppe herausbilden. Leider klappt dies nicht immer. Jeder ranghöhere Hahn wird dem rangniedrigeren keine Paarung gönnen wollen.

Ich habe schon öfters versucht, einen zweiten Hahn zu halten, da mein New Hampshire-Hahn (mittelschwere Rasse) die 30 Hennen kaum alle befruchten kann. Doch der ältere ließ dem jüngeren Hahn nie eine Chance, er verhinderte und störte regelmäßig alle Liebesmühen des Neuen.

Ein weiterer Versuch mit 2 gleichalten Hähnen schlug ebenfalls fehl. Einer der beiden war dominant, ranghöher und unterdrückte den anderen wo er nur konnte. Ich habe mich jetzt mit der mangelhaften Befruchtung von 75-80 % abgefunden und lasse den Hahn seine Alleinherrschaft genießen. Er würde an einem Nebenbuhler, der ihn womöglich irgendwann doch noch besiegen könnte, zu Grunde gehen. In ihrem Buch *Unser Haushuhn* erwähnt Lotte Hein die Geschichte eines Hahnes, dessen Persönlichkeit an dem Auftauchen eines Nebenbuhlers völlig zerbrochen ist und der sich erst mit dem Schlachttag seines Konkurrenten langsam wieder erholte.

Je nach Intensität der Balzstimmung des Hahnes und der Bereitschaft der Henne kann die Paarung recht unterschiedlich verlaufen. Dabei kommt auch der Rassezugehörigkeit eine besondere Bedeutung zu.

Die Beobachtung der verschiedenen Balzgesten und die intensiven Bemühungen des Gockels erscheinen immer wieder neu und spannend. Obwohl die Hühner auch ohne Hahn viele Eier legen, sollte sich niemand das Recht herausnehmen, ihnen den Gockel vorzuenthalten. Das Sozialgefüge wäre dann nicht mehr intakt, das Wohlbefinden — nicht unbedingt sichtbar — gestört.

Puten

Anders als der eben beschriebene Hahn balzt der Puter im zeitigen Frühjahr an einem ganz bestimmten Ort. Er umwirbt nicht eine bestimmte Henne, sondern drückt ganz allgemein sein Interesse am Sexualakt aus.

Er schlägt Rad, stolziert imponierend hin und her, schnaubt und kollert dabei. Das Imponier- und Balzgehabe wirkt sich auf die Paarungsbereitschaft der Puten positiv aus und sobald sie zur Paarung bereit sind, ducken sie sich in der Nähe des Puters einfach flach hin. Wie auch bei Hühnern zeigen die rangniedrigeren sehr viel öfter die Bereitschaft zur Paarung, als die in mittlerer oder hoher Rangstellung.

Die Paarung besteht aus mehreren Phasen:

— Der Puter steigt auf die Pute;

— er trampelt auf Rücken und Flügeln;

— der Puter knickt nun seine Beine ein und senkt den Schwanz;

— Beide Tiere pressen ihre Löcher (Kloaken) aufeinander und der Puter hat eine Ejakulation;

— danach steigt der Puter ab und zeigt wieder Imponiergehabe;

— die Pute wendet sich ab.

Bis zur nächsten Paarungsbereitschaft der Pute dauert es jetzt 5-8 Tage.

Um die Befruchtung der Eier zu sichern, sollten Putern leichter Rassen nie mehr als 10 Puten und den schwerer Rassen nicht mehr als 8 Puten zugemutet werden. Falls der Hahn schon ein bißchen älter ist, genügt auch 1/3 der Anzahl an Hennen. In der Regel werden mit einem Akt 12 Eier befruchtet. Nach 34 Tagen sind dann noch 70 % der gelegten Eier befruchtet und sogar 50 Tage nach dem letzten Akt können noch befruchtete Eier festgestellt werden.

In diesem Zusammenhang möchte ich das Phänomen der Jungfernzeugung bei Puten erwähnen. Als wissenschaftlich erwiesen gilt der Nachweis einer Keimentwicklung in 15-25 % garantiert unbefruchteter Eier. Die Mehrzahl dieser Keime stirbt jedoch ab, fortpflanzungsfähige Tiere entwickeln sich sehr selten.

Enten

Im Januar erwacht die Liebeslust der Enten, die nach bestimmten Handlungsmustern als Ritual abläuft. Aufgrund der die Tiere einschränkenden Lebensbedingungen, sowie immer weitergehender Eingriffe des Menschen in ihre sozialen Beziehungen, ist die Balz- und Paarungszeremonie teilweise verloren gegangen, beziehungsweise nur noch bruchstückhaft vorhanden.

Um die mit der Paarung verbundenen Gesten und Verhaltensweisen einordnen zu können, möchte ich kurz verweisen auf den komplizierten Handlungsablauf von Balz und Paarung bei den Stockenten. Die Erpel der Stockenten versammeln sich zur Balz im Wasser. Diese findet an ganz bestimmten Orten zur gleichen Zeit statt und es kann Wochen und Monate dauern, bis die Enten eingreifen. Durch spezifische Gesten (Hetzen) gibt die Ente einem Erpel zu verstehen, daß sie sich für ihn interessiert. Sein Einverständnis bekundet er durch die symbolische Andeutung eines Angriffs. Wiederholt sich das Ganze dann noch mehrfach hintereinander, kann die Partnerwahl als vollzogen gelten, auch wenn noch keine Paarung stattgefunden hat.

Bei den Stockenten nimmt die Ente eine führende Stellung ein. Sie fliegt auch bei Ausflügen voran, fordert zur Paarung auf, die mit Schnabeleintauchen beginnt.

Bei Hausenten sind von diesem ursprünglichen komplizierten Paarungszeremoniell nur Andeutungen vorhanden. Die monogamen Beziehungen der Stockenten wurden aufgegeben, die Partnerwahl durch die Ente ist kaum mehr zu beobachten, lediglich die Aufforderung zum Tretakt hat sich die Ente bewahren können. Der eigentliche Akt selbst hat ein Übergewicht erhalten, während Balz- u. a. Werbungsgesten verloren gegangen scheinen. Geblieben hingegen ist die Bedeutung des Wassers für die letzten Ansätze der Paarungszeremonie.

Gänse

Das Sexualverhalten von Graugänsen ist von Konrad Lorenz sehr genau beobachtet und beschrieben worden. Um die Reste der Verhaltensweisen, die wir bei den Hausgänsen noch beobachten können, richtig einzuordnen, möchte ich kurz auf einige zentrale Aspekte eingehen.

Schon lange vor der Zeit der Fortpflanzung umwirbt der junge Ganter — zunächst aus sicherer Ferne — eine fremde junge Gans (Graugänse paaren sich nie mit Gänsen aus ihrem Familienverband). Durch für die Gans eindrucksvolles Imponiergehabe lenkt er ihre Aufmerksamkeit auf sich. Schließlich greift er irgendeinen gegenwärtigen oder auch scheinbaren Gegner an und kehrt nach diesem Angriff triumphschreiend zu der umworbenen Gans zurück. Stimmt die Gans in sein Triumphgeschrei ein, sind die Tiere von nun an fest miteinander verbunden. Ein Sieg oder die gelungene Abwehr einer Gefahr wird von den Gänsen stimmlich sehr intensiv im sogenannten Triumphgeschrei ausgedrückt. Es gilt als Ausdruck von Übereinstimmung und Anerkennung einer meist lebenslang dauernden Kampfgemeinschaft. Beide Partner halten von nun an zusammen, verteidigen gemeinsam das Brutgebiet, bauen ein Nest und ziehen gemeinsam Junge auf.

Der Liebesakt selbst spielt bei den Graugänsen eine verhältnismäßig geringe Rolle für den Zusammenhalt des Paares. Beim Vorspiel der Paarungszeremonie schwimmen die Paare zunächst nebeneinander und tauchen mit steigender Intensität die Köpfe tief ins Wasser ein. Die Gans wendet sich dabei immer mehr dem Ganter zu, bekommt langsam „Schlagseite" und erleichtert dem Ganter das Aufsteigen, indem sie sich flach hinduckt und ihm ihren Nacken hinhält, an dem er sich mit dem Schnabel während des Aktes festhält. Am Kopf der Gans ist immer gleich erkennbar, ob sich die beiden paaren oder nicht. Da fehlen dann nämlich ein paar Federn.

Zum Ausklang richtet der Ganter Hals und Schwanz hoch auf, hebt die Flügel und gibt einen ganz speziellen Laut von sich. Anschließend badet das Paar.

Bei den Hausgänsen erscheinen die Beziehungen der Partner gelockerter. Lediglich die häufig beobachtbare Bevorzugung eines bestimmten Partners erinnert an die festen monogamen Gemeinschaften der frei lebenden Graugänse.

Die Paarung wird bei den Hausgänsen häufiger vollzogen und scheint zudem auch eine größere Bedeutung für die Tiere zu haben. Hausgänse sind schon im ersten Jahr fähig, Nachkommen zu haben, während Graugänse erst ab dem zweiten Jahr Junge haben.

Je mehr die Tiere sich selbst überlassen sind und der Mensch für einen optimalen Lebensraum sorgt, umso eher wird ein natürliches Verhalten beobachtet werden können.

Die lautliche Verständigung

Die lautliche Verständigung ist bei den Hühnern am ausgeprägtesten. Bei ihnen konnten durch jahrelange Beobachtung 30 unterschiedliche Laute festgestellt werden (siehe Tabelle). Es gibt aber auch bei Puten, Enten und Gänsen eine stimmliche Verständigung, doch bezüglich der Vielfalt ist sie nicht mit der des Huhns zu vergleichen.

Bei allen Arten ist die lautliche Kommunikation mit dem Küken, bereits im Ei, sehr ausgeprägt und insbesondere bei den Gänsen von sehr großer Bedeutung.

Lautäußerungsmöglichkeiten des Haushuhnes

(Quelle: E. Bäumer, 1962)

Lautbezeichnung	Bedeutung des Lautes	m	w	Bruthenne od. Glucke	junge Küken	ältere bis reife K.
1. Stimmfühlungslaut: piepen	Lautliche Kommunikation mit Glucke und Geschwistern	—	—	—	+	—
2. Verlassenheitspiepen	Helles, lautes Jammern nach der Glucke und/oder den Geschwistern	—	—	—	+	erloschen
3. Schrecktriller	Vor dem Ergreifen von Würmern, Insekten oder anderen kleinen Dingen	—	—	—	+	—
4. Kükentriller	Schlafbereitschaft und Ausdruck von Wohlbefinden und Geborgenheit, z. B. unter der Glucke	—	—	—	+	—
5. Gackeln (singen)	Ausdruck eines Bedürfnisses, z. B. vor dem Legen, in Erwartung der Fütterung o.ä.	—	+	evt. gegen Ende der Brut	—	—
6. „kleines" Gackern o. Angstgackern	Ausdruck fortdauernder Ängstigung	+	+	+	—	bei fast Erwachsenen
7. „großes" (volles) Gackern	Ende der Gefahr, Abklingen der Aufregung und ausreichender Abstand zur Ursache der Aufregung	+	+	+ nach starken Anlässen	—	—

Lautäußerungsmöglichkeiten des Haushuhnes
(Fortsetzung)

Lautbezeichnung	Bedeutung des Lautes	m	w	Bruthenne od. Glucke	junge Küken	ältere bis reife K.
8. Legegackern	Entspricht dem vollen Gackern und drückt die Suche nach der Herde aus, nachdem die Henne vom Eierlegen zurückkommt (Herdensuchruf)	+ Antwort auf den Ruf der Henne	+	—	—	—
9. Gackeraufmerksamlaut	Entdecken eines Fremdwesens vom Boden, evtl. eines Bodenfeindes oder auch als Reaktion auf bedrohende Geräusche	+	+	+	u. U. in Stimmlage der Küken	selten
10. Angstschrei	Gellend lauter Schrei von Hühnern, die von Menschen oder Raubfeinden gepackt werden	+	+	+	nur, wenn sie vorher gejagt werden	+
11. Wehlaut	Ähnlich dem Angstschrei, allerdings nicht ganz so schrill, wenn das Huhn irgendwo eingeklemmt ist oder sich verstrickt hat. Wenn nicht gleich Hilfe kommt, hört der Wehlaut bald auf	+	+	+	schlüpfende Küken, die ge drückt werden	+
12. Aufschrei nach einem Gehacktwerden	Ausdruck von Entsetzen, Erschrockensein	+	+	+	+	+
13. Berührungsabwehr	Ausdruck von Mißempfinden bei Verdrängung und auch Abwehr eines Paarungsversuches des Hahnes	selten	+	durch gurren ersetzt	am Schlafplatz ab der 3. Woche	+
14. Nestabwehrlaut	Drohender Abwehrlaut wenn sich das Huhn auf dem Nest gestört fühlt	—	+	+	—	—

Lautäußerungsmöglichkeiten des Haushuhnes
(Fortsetzung)

Lautbezeichnung	Bedeutung des Lautes	m	w	Bruthenne od. Glucke	junge Küken	ältere bis reife K.
15. Staubbadabwehr	Dient der Behauptung des Staubbadeplatzes	—	+	+	—	—
16. Gurren	Ausdruck von Mißtrauen und Abwehr der Glucken	—	—	+	—	—
17. Futterlockruf	Aufmerksam machen auf einen Futterbrocken	+	selten	+	—	hin und wieder
18. Glucken	Kükenführlaut, der eine Orientierungshilfe für die Küken sein soll	—	—	+	—	—
19. Glucken-laute	Verschiedene Lautäusserungen, die die Küken beruhigen oder warnen sollen	—	—	+	—	—
20. Rähruf	Ruf des Hahnes, um auf eine Wahrnehmung eines ungefährlichen fliegenden Objektes aufmerksam zu machen	+	—	—	—	Junghähne z. T. vor dem Stimmwechsel
21. „Einsilbige" Aufmerkrufe	Ausdruck des Hahnes, um auf fliegende, evtl. gefährliche Objekte aufmerksam zu machen (Flugzeug, Vogel, manchmal auch bei gefundenem Futter) und ein schärferer, kurzer, dringender Laut, der „Deckung!" ausdrücken will, bzw. Gefahr aus der Luft bekundet	+	—	—	—	—
22. Girren	In Ruhe, speziell vor dem Einschlafen, bei Beunruhigung durch Geräusche oder entfernt Sichtbarem	+	selten von älteren Hennen	—	—	—

Lautäußerungsmöglichkeiten des Haushuhnes
(Fortsetzung)

Lautbezeichnung	Bedeutung des Lautes	m	w	Bruthenne od. Glucke	junge Küken	ältere bis reife K.
23. Rangordnungslaute, freundlich	Bekundung für Interesse an Futter oder auch Paarung	—	+	—	—	—
24. Rangordnungslaute, leicht abneigend, beschwichtigend	Wird bei Behinderung des Fortgehens z. B. auf der Schlafstange geäußert	—	+	+ statt Gurren	—	—
25. Rangordnungslaute, herrisch	Ausdruckslaut, daß der Schwächere den Platz frei machensoll	—	+	-	—	noch selten
26. Rangordnungslaute, kampfandrohend	Anzeichen und Ausdruck von Kampfbereitschaft gegenüber anderen Hühnern	—	+	zunächst Gurren, erst bei größerer Erregung ein Drohen	—	—
27. Kollern, angeben	Getue des Hahnes gegenüber den Hennen	+	—	—	—	—
28. Nestgründungslaute	Bei steigender Erregung des Hahnes während der Nestsuche kurz vor Beginn der Legeperiode geäußerte Lock- und Aufmerksamkeitsrufe des Hahnes.	+	+	—	—	—
29. Krähen	Ausdruck von Kraft und Stärke, Revierbehauptung	+	—	—	—	Junghähne
30. Zischen im Nest	Dient der Nestverteidigung gegenüber dem Menschen oder anderen potentiellen Feinden und ist nicht selten mit Hacken verbunden	—	+	+	—	—

Die Brut

Federtiere legen Eier — und sie legen sie nicht, um damit die Ernährung des Menschen zu bereichern, sondern sie legen die Eier zur Erhaltung ihrer Art. Haben sie dann genug gelegt, das heißt so viele, wie sie im Nest decken und später als Küken hudern und führen können, bleiben sie auf dem Nest sitzen, bis die Küken geschlüpft sind, um dann mit ihnen loszuziehen, um mit ihnen Wasser und Futter zu suchen. Nachts kehren sie auf das Nest zurück, wärmen und beschützen ihre Kleinen, bis sie groß genug und selbständig sind. So jedenfalls hat die Natur die Vermehrung des Geflügels geplant.

Inzwischen ist diese Art der Vermehrung fast in Vergessenheit geraten. Nicht bei den eigentlich Betroffenen — Hühnern, Gänsen, Enten, Puten — selbst. Die lassen sich ihrer artspezifischen Fähigkeiten nicht so schnell berauben. Zwar haben einige inzwischen Schwierigkeiten bei der Paarung, und auch Häufigkeit und Zeitpunkt des Brütens haben sich sehr verändert, doch zeigen sogar intensiv auf dem Boden oder in der Batterie gehaltene Hühner noch Anzeichen ihres Fortpflanzungsverhaltens. Die modernen Hybridhühner stehen bezüglich Brut und Aufzucht den Wildhühnern unter gleichen Lebensbedingungen in nichts nach. Auch sie können glucksig werden und führen die Küken zuverlässig, wenn ihr Lebensraum das zuläßt.

Jedoch ist diese Art und Weise der Brut und Aufzucht für die Wirtschaftsgeflügelzucht völlig bedeutungslos und wird selbst für die Rassegeflügelzüchter in immer stärkerem Maße unwichtig. Immer seltener ist heute eine Glucke mit Küken oder ein Gänsepaar mit einer Schar von Gösseln zu sehen. Und eine Putenfamilie ist wohl Rarität. Eine Ente mit Jungen ist vielleicht schon eher anzutreffen, zumal die so häufig gehaltene Warzenente eine sehr gute Brüterin ist.

Deshalb möchte ich an dieser Stelle Fragen der künstlichen Brut und Aufzucht völlig außer Acht lassen und Interessierte an die entsprechende Fachliteratur verweisen, die wesentlich zahlreicher und ausführlicher ist, als die zur natürlichen Brut und Aufzucht.

Die verbreitete Meinung, daß das moderne Hybridhuhn die Fähigkeit der Fortpflanzung nicht mehr zu zeigen vermag, ist nicht ganz richtig. Die Entwicklung von Brütigkeit beim einzelnen Tier wird nämlich nicht nur von Erbfaktoren bestimmt, sondern eine Vielzahl verschiedener Aspekte sind dafür von Bedeutung:

— Artgerechte Haltung wirkt sich positiv auf die Entwicklung von Brutlust aus.

— Je älter das Tier, desto größer die Wahrscheinlichkeit, daß es brütig ist.

— Bei Hühnern tritt eine Brütigkeit bei mittelschweren und schweren Rassen häufiger auf als bei den leichten.

— Tageslänge, Temperatur, Luftdruck.

Ute Rhein

Der Mensch hat keine Möglichkeiten, die Brütigkeit beim Geflügel auszulösen, ausgenommen bei Puten, die mit Hilfe eines Tricks zur Brut gezwungen werden können. Eine Vielzahl äußerer Faktoren müssen zusammentreffen mit günstigen Bedingungen des einzelnen Tieres, um Brutlust auszulösen. Und je mehr die Tiere ihr Leben selbst organisieren können, desto eher kann auch die Brutlust erwachen.

Wann werden die verschiedenen Arten brütig?

Diese Frage kann nicht zuverlässig beantwortet werden. Es ist durchaus möglich, daß die gleiche Gans, die im letzten Januar bereits fest auf ihren Eiern saß, im folgenden Jahr erst im April mit der Brut beginnt.

Grundsätzlich gilt für alle Geflügelarten: je früher desto besser. Es gibt deutliche Unterschiede bezüglich Frohwüchsigkeit, Widerstandskraft und Gewicht bei den ausgewachsenen Tieren, die aus Früh- oder Spätbruten stammen. So werden Enten-oder Hühnerküken, die erst Ende August schlüpfen, nie die Größe und das Gewicht ihrer Art erlangen und immer etwas kleiner sein, denn das Futterangebot der Weide, die Witterung und die Länge des Tages entsprechen dann dem Wachstum der Küken nicht mehr in dem erforderlichen Maß.

Mögliche Zeitpunkte der Brütigkeit des Geflügels

Januar	Februar	März	April	Mai	Juni	Juli	August
Ente	Ente	Ente	Huhn	Huhn	Huhn	Huhn	Huhn
	Gans	Gans	Ente	Ente	Ente	Ente	
			Gans	Gans	Gans		
			Pute	Pute			

Und umgekehrt kann auch ein zu frühzeitiger Brutbeginn — wie mit der Brutmaschine jederzeit möglich — für das Wachsen und Gedeihen von Hühnern nachteilig sein.

So erhalten Küken, die im März aus der Brutmaschine schlüpfen und dann unter natürlichen Lichtverhältnissen aufgezogen werden, als Küken zu wenig und in der späteren Jungtierzeit zu viel Licht. Dieses Zuviel an Licht in der Reifezeit vor dem Beginn des Legens regt das Nervensystem derart an, daß die Geschlechtsreife zu einem Zeitpunkt eintritt, an dem der Körper noch gar nicht ausgereift ist. Die Tiere sind also verfrüht legereif. Doch eine verfrühte Legereife ist unerwünscht, da solche Tiere keine guten Legehennen werden. Oft sind und bleiben ihre Eier klein und sie pausieren häufig. Da heute überall künstliche Beleuchtungsprogramme Anwendung finden, richten sich die Vermehrungs- und Aufzuchtbetriebe inzwischen nach den Lichtverhältnissen, die

Küken haben, wenn sie unter natürlichen Bedingungen im Mai oder Juni/Juli schlüpfen: in der achtwöchigen Kükenphase einen langen Tag von bis zu 15 Stunden und in der Junghennenzeit bei abnehmender Tageslänge von August bis Oktober/November immer weniger Licht.

Wie erkenne ich, ob ein Tier brüten will?

Für die beginnende Brütigkeit gibt es verschiedene Anzeichen. Manchmal rupfen sich die Federtiere kurz bevor sie mit der Brut beginnen wollen einige Federn oder Daunen von Brust und Bauch, um damit das Nest zu polstern, bleiben nach der Eiablage immer länger auf dem Nest sitzen und stehen schließlich nur noch ein bis zwei Mal täglich für ca. 20 Minuten auf, um zu koten, zu fressen und sich zu baden.

Manche Hennen zeigen schon einige Tage oder manchmal auch Wochen vor Beginn der eigentlichen Brutlust typische Verhaltensweisen einer Glucke. Sie sondern sich ein wenig von ihrem Hühnervolk ab und meiden den Hahn. Das Gefieder ist aufgeplustert und die äußeren Geschlechtsmerkmale bilden sich zurück. Sie hat einen eingschrumpften Kamm und legt auch keine Eier mehr. Damit verändert sich auch der Abstand der Legebeine. Wenn Gefahr droht, verhält sie sich manchmal so, als hätte sie 10 Küken zu beschützen und gibt auch die typischen Glucklaute von sich (daher auch der Name *Glucke*).

Da die Tiere jedoch individuell sehr verschieden sind, kann die Brütigkeit auch ohne diese sichtbaren Vorankündigungen auftreten. Das Tier bleibt einfach auf dem Nest sitzen, sträubt das Federkleid, gibt Glucklaute von sich und faucht und hackt, will sie jemand vom Nest entfernen. Ich warte dann noch 2 Tage, bis ich die Bruteier unterlege, um auch sicher zu sein, daß sie sich nicht noch anders besinnt.

Das Brutei

Das Brutei ist ein Lebewesen und sollte entsprechend sorgfältig behandelt werden. Bei der Auswahl der Eier für die Brut, egal ob Enten-, Puten-, Gänse- oder Hühnerei, ist darauf zu achten, daß das Ei

— in Größe, Farbe und Form etwa dem Durchschnitt entspricht, also keine besonders großen Eier nehmen (aus eventuellen Doppeldottereiern schlüpfen nicht 2 Küken, sondern gar keines), da sehr große Eier den Schlupf erschweren;

— eine regelmäßige Schalenbeschaffenheit zeigt;

— keine dünnen Stellen, Risse oder zu große Poren hat;

— innen frei von Blutflecken ist;

— auf der Schale keine Wülste oder Kalkablagerungen sind, die das Küken nicht sprengen kann;

— möglichst nicht älter als 14 Tage und ganz sauber ist.

Zwar zeigen die Erfahrungen mit Naturbrut, daß auch bis zu 4 Wochen alte Eier erfolgreich bebrütet wurden — vorausgesetzt, sie wurden richtig gelagert und öfter gewendet. Aber, umso frischer das Brutei, umso wahrscheinlicher auch der Bruterfolg.

Wird das Ei durchleuchtet, was auch als Schieren bezeichnet wird (siehe Abschnitt *Schieren*), können eventuelle Blutflecke im Ei sehr gut als dunkle Punkte erkannt werden und kleine Risse oder dünne Stellen treten deutlich hervor.

Eigentlich dürfen Bruteier nicht gewaschen werden, da durch die Reibung die Fettschicht, mit der das Ei vor dem Legen überzogen wird und die ein Eindringen von Bakterien verhindert, zerstört wird.

Sind die Bruteier ziemlich verdreckt, so können sie zu Brutbeginn 1 Stunde in warmes Wasser (35° C) gelegt und mehrmals vorsichtig hin und her bewegt werden. Hinterher kräftig abbrausen und nicht abtrocknen. So kann die Fettschicht vielleicht noch gerettet und der Dreck trotzdem entfernt werden.

Sind die Eier während der Brut beschmiert, dürfen sie allerdings nicht so lange im Wasser liegen. Doch müssen die verklebten Poren vorsichtig mit lauwarmem Wasser gesäubert werden — nicht abtrocknen.

Bruteier müssen einmal täglich um 180° gewendet werden, damit der im Dotter liegende Keim immer wieder mit neuen Nährstoffen in Berührung kommt. Da er leichter ist als seine Umgebung, steigt er durch das Wenden immer wieder von unten nach oben auf.

Wie lange dauert die Brut?

Hühner: 21 Tage
Puten: 28 Tage
Enten: 28-32 Tage, ausgenommen Warzenenten, die 35 Tage benötigen
Gänse: 28-32 Tage

Diese Zeit kann auch mal etwas überschritten werden, wenn
— die Eier älter sind;
— die Brüterin mal das Nest zu lange oder
— insgesamt zu häufig verlassen hat.

Bei den Gänseeiern empfiehlt es sich, ältere Bruteier ca. 12-18 Stunden eher unterlegen, da die frischeren Eier meist eine kürzere Brutzeit haben.

Wieviel Bruteier kann ich in das Nest legen?

Hühner:
13-15 Hühnereier oder
3-5 Gänseeier oder
6-10 Enteneier

Zwerghühner:
12-14 Zwerghuhneier oder
6-9 Hühnereier oder
2 Gänseeier

Puten:
15-16 Puteneier oder
15-16 Gänseeier oder
20 Hühnereier oder
15-18 Enteneier

Enten:
12-16 Enteneier oder
5-7 Gänseeier

Gänse:
12-15 Gänseeier

Es ist durchaus möglich, und immer noch besser, als auf die Kunstbrut zurückgreifen zu müssen, artfremde Eier unterzulegen, dann aber keine bunte Geflügelmischung, sondern immer nur eine Art. Allerdings sollte man dem Wassergeflügel keine artfremden Eier anvertrauen, aber Hühner- und Putenglucken können erfolgreich alle anderen Arten ausbrüten und führen.

Dabei wird es sicherlich öfter zu Mißverständnissen kommen, so z. B. wenn die Gössel über den Wurm, den die Glucke gefunden hat, gar nicht erfreut sind, ihn als egetarier ablehnen und die Glucke ihrerseits entsetzt sein wird, wenn die von ihr er- teten Enten- oder Gänseküken im Teich schwimmen, der ihr als eine der größten hren bekannt ist. Aber immerhin können die Bedürfnisse der Kleinen nach Gebor- t und Wärme befriedigt werden. Und es ist ein Unterschied, ob die Wärmequelle nstliche oder eine natürliche Körperwärme ist.

s Brüten betrifft, sind die Erfolge der Naturbrut immer noch besser, als die rut. Ist die Glucke mal etwas länger als gewöhnlich vom Nest — was bei der nem Stromausfall entsprechen würde und die ganze Brut gefährden kann der Naturbrut wahrscheinlich nichts anderes, als eine Verzögerung des

brüten?

die Tiere sehr viel Ruhe. Enten und Gänse bereiten sich meist s Stalles ein Nest, nehmen aber auch gern das vom Menschen nn schon ein Ei drin liegt. Umsetzen läßt sich das Wassergeflü-

n nicht selten die Legenester als Brutplatz. Hier erscheint a die Glucken von den anderen Tieren, die nur zum Eier- . Hat die Glucke einmal zum Fressen das Brutnest ver- ickkehr von einem anderen Huhn belegt, so setzt sie hrt auch nicht zurück, wenn das andere Huhn nach

Ute Rhein

der Eiablage ihr Brutnest wieder verläßt. So können die ausgebrüteten Eier zu stark auskühlen oder die Keime sterben ab und die ganze Mühe war umsonst.

Am günstigsten wäre es, das Brutnest in einem Nebenraum einzurichten oder ein kleines Gluckenhaus zu bauen, in dem die Glucke völlig ungestört ist. Praktisch ist es, wenn mehrere Glucken gleichzeitig sitzen. Für die Glucke erreichbar müssen alle Dinge sein, die sie für ihr Wohlbefinden benötigt:

— Körnerfutter, Keimgetreide (kein Weichfutter), Grünfutter (z. B. Salatreste);
— Wasser und Sand;
— Steinchen für die Verdauung;
— Wasser- bzw. Sandbadegelegenheit.

Das Futter sollte nicht vom Nest aus zu erreichen sein, damit die Glucke auch wirklich möglichst einmal täglich das Nest verläßt, und die Eier auskühlen können.

Die Glucke braucht sehr wenig Futter, wenn sie brütet, da es während dieser Zeit zu einer Verlangsamung des Stoffwechsels kommt. Legende Hennen, die mit einer so geringen Futtermenge auskommen müßten, wie Glucken es können, würden abmagern und nach ein paar Tagen sterben. Auch die Kotentleerung beschränkt sich bei brütenden Tieren auf einmal täglich, nämlich dann, wenn sie das Nest verläßt, denn die Eier würde sie nie beschmutzen.

Brutnest

Größe:
Puten + Gänse 80x80 cm
Hühner + Enten 45x45 cm

Wie gehe ich mit brütenden Tieren um?

Falls die Glucken Parasiten haben, erscheint es mir sinnvoll, vor der Brut etwas dagegen zu unternehmen, da diese sonst sofort auf die Küken übertragen werden. Ansonsten lasse ich sie jedoch möglichst in Ruhe. Es genügt, wenn morgens und abends nachgesehen wird, ob sie auch wirklich auf den Nestern sitzen und alles in Ordnung ist.

Die Glucken wissen nämlich selbst am besten, was zu tun ist. Regelmäßig wenden sie die Eier mit dem Schnabel oder auch durch Hin- und Herrutschen auf dem Nest. Die Glucke wendet die Eier nicht aus dem Wissen heraus, das dies für die Entwicklung der Eier nötig ist, sondern weil die an Brust und Bauch entstehende Körperwärme für sie lästig ist. Die Eier bieten ihr nun eine willkommende Gelegenheit, sich an Brust und Bauch hin und wieder Abkühlung zu verschaffen.

Wer Putenglucken sitzen hat, sollte unbedingt darauf achten, daß sie auch wirklich das Nest regelmäßig — mindestens alle 2 Tage, besser täglich — verlassen, trinken, fressen und koten und die Eier etwas abkühlen lassen. Manchmal tun Puten das nämlich nicht von sich aus. Die Eier sollen aber abkühlen, um so den benötigten Sauerstoff durch die Schale aufnehmen zu können.

Werden Gänse- oder Enteneier von Hühnern oder gar Zwerghühnern ausgebrütet, empfiehlt es sich, nachzuprüfen, ob die Glucken diese größeren Eier wirklich wenden können, indem einfach eine Stelle markiert wird.

Etwas Eingreifen beim Ausbrüten der Eier des Wassergeflügels ist nicht zu umgehen, sollte aber möglichst dann erfolgen, wenn die Bruttiere das Nest gerade zum Fressen verlassen haben. Enten und Gänse befeuchten ihre Eier nach dem täglichen Bad durch ihr nasses Gefieder und in der Tat benötigen diese Eier auch mehr Feuchtigkeit während der Brut. Puten und Hühner baden jedoch nicht im Wasser, daher müssen die Eier vom Menschen hin und wieder mit lauwarmem Wasser besprüht werden.

Das Schieren

Da es durchaus möglich ist, daß nicht alle Eier befruchtet sind, ist es nötig, die unbefruchteten Eier zu entfernen. Auch Eier, in denen aus irgendwelchen Gründen der Keim abgestorben ist, sollten aus dem Brutnest entfernt werden, da sie sehr schnell faulen, sogar explodieren können und sich als stinkende Brühe über das ganze Nest ergießen, die Poren aller anderen Bruteier verstopfen und letztlich die ganze Brut gefährden.

Es gibt verschiedene Möglichkeiten, die Bruteier zu durchleuchten, zu schieren. Voraussetzung ist eine starke Lichtquelle und die Möglichkeit, das Ei bis auf einen eiförmigen Ausschnitt gut abzudunkeln. Außerdem klappt es nur in einem relativ dunklen Raum.

Schieren geschieht mit Hilfe
— einer Schierenlampe (35,- bis 50,-);

— einem selbstgebastelten Schierkasten;
— einem Diaprojektor oder
— einer starken Taschenlampe, vor die eine Pappe mit eiförmigem Loch gehalten wird.

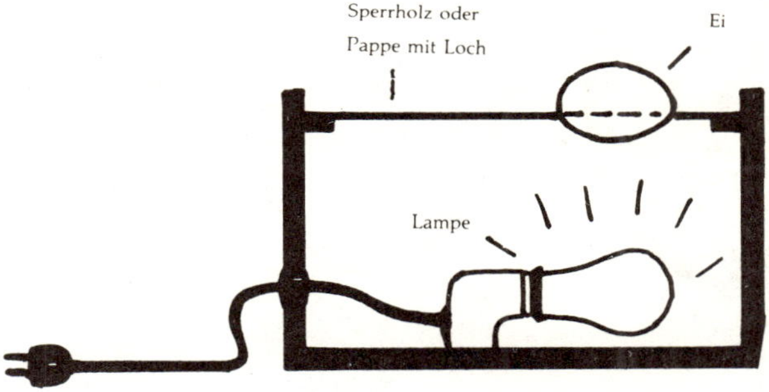

Schierkasten

Am 5.-10. Bruttag ist im Ei bereits das beginnende Leben zu erkennen. Das Ei ist spinnennetzartig mit Blutgefäßen umzogen und der Embryo erscheint als relativ großer beweglicher Kreis. Ein abgestorbener Keim hingegen ist unbeweglich und das Blutadernetz liegt als Kreis um den toten Keim. Manchmal zeigt sich auch nur ein starker Blutstreifen an der Schale. Unbefruchtete Eier sind ganz durchsichtig, nur der Dotter ist zu erahnen.

Bei weißen Hühnereiern klappt das Schieren etwas besser und geht auch bereits früher, als bei braunen Eiern. Eier von Puten, Enten und Gänsen können auf Grund ihrer längeren Brutzeit und zum Teil sehr dicken Schalen erst am 10. Tag geschiert werden, zeigen dann aber die gleiche Keimentwicklung.

Ab dem 14. Tag ist auch eine ,,Schwimmprobe" möglich (ist aber nicht so sicher wie das Schieren). Die Eier werden in warmes Wasser (36° C) gelegt. In befruchteten Eiern zappelt der Embryo an der Wasseroberfläche ein wenig, das Ei bewegt sich im Wasser, während die abgestorbenen oder unbefruchteten sich nicht bewegen oder nach unten absacken.

Bei Hühnereiern kann am 14.-17. Tag und bei Enten-, Puten und Gänseeiern am 18.-23. Tag ein zweites Schieren erfolgen. Das Küken ist jetzt fast ganz entwickelt und das Ei fast ganz ausgefüllt und dunkel mit heller Spitze. Die am stumpfen Ende liegende Luftblase nimmt den restlichen, fast 1/3 betragenden Raum ein. Alle Eier mit anderen

Schierbildern, ganz helle Eier mit unbeweglichen starren Klumpenbildungen, starken Blutstreifen und ähnlichem können als abgestorben oder unbefruchtet entfernt werden.

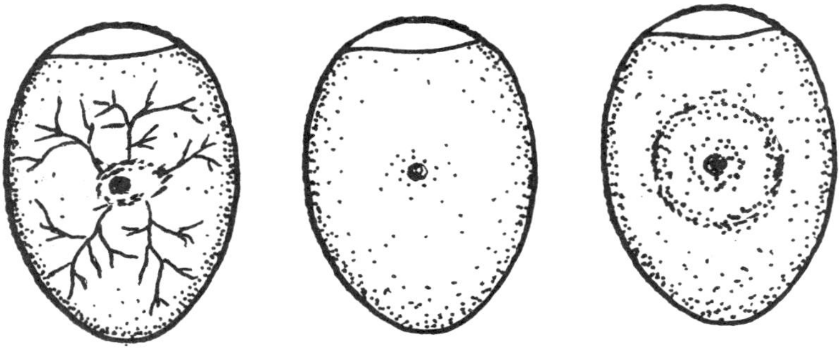

befruchtetes Ei *unbefruchtetes Ei* *abgestorbener Keim*

Schierbilder

Übrigens können die nach dem 1. Schieren aussortierten Eier noch unbedenklich dem Hühnerfutter zugesetzt oder eventuell als späteres Kükenfutter eingefroren werden, vorausgesetzt, sie sind 15 Minuten gekocht. Schiereier (nach ca. dreitägiger Bebrühung) werden auch heute noch in den Keksfabriken und Bäckereibetrieben verwendet.

Die Entwicklung des Kükens im Ei

Wer einige Stunden vor dem Schlupf das noch geschlossene Ei vorsichtig an das Ohr hält, hört und fühlt, wie stark das neue Leben darin ist. Schon einige Zeit vor dem Schlupf reagiert es in Form von Bewegungen und Zuckungen auf bestimmte Außenreize (Geräusche, Licht, Temperaturschwankungen), die es durch die Eierschale wahrzunehmen vermag. Die völlig auf die Eier konzentrierte Brüterin hört und fühlt die verstärkten Aktivitäten der Küken in den Eiern und wird dadurch vom Brüten zum Führen umgestimmt. Das Küken vermag schon vor dem Schlüpfen zu piepsen, nämlich wenn es mit dem Schnabel die Haut durchtrennt, die zwischen Luftblase und dem übrigen Eiinhalt liegt. Dann beginnt die Lungenatmung, während die Sauerstoffversorgung zuvor durch die Blutzirkulation in den Eihäuten erfolgte. Im letzten Drittel der Brutzeit wächst auf der Schnabelspitze der Eizahn, mit dem das Küken beim Schlupf von innen gegen die Eierschale drückt und sie schließlich auch mit Hilfe der besonders kräftig ausgebildeten hinteren Halsmuskeln (Schlupfmuskeln) aufsprengt.

Exkurs: Die Umweltprägung der Küken

Hühnerküken

Die lautliche Verständigung zwischen Küken und Glucke ist von großer Bedeutung. Die Bandbreite der stimmlichen Kommunikation ist bei Glucke und Küken sehr beeindruckend. Gemessen an den Hühnern müssen alle anderen Geflügelarten ausdrucksschwach erscheinen. Die erste Verständigung zwischen Küken und Glucke beginnt 2 Tage vor dem Schlupf. Das Küken piepst im noch geschlossenen Ei. Wenn die Glucke Laute von sich gibt, lernt es so bereits ihre Stimme kennen und sie genau von anderen Glucken zu unterscheiden.

Nach ihrem Schlupf prägen sich die Küken auch das Aussehen ihrer Glucke derart ein, daß sie sofort bemerken würden, wenn sie vom Menschen versehentlich zu einer fremden Glucke gesetzt würden. Durch lautes Piepsen machen sie auf den Irrtum aufmerksam. Die Glucke bemerkt dadurch das Versehen und hackt nach den Küken.

Folglich kennen die Küken also ihre ,,Mutter" besser als umgekehrt. Bis zum 4. Lebenstag können Küken, zum Beispiel künstlich erbrütete, der Glucke zugesetzt werden, ohne daß es große Schwierigkeiten gibt. Sind die Kleinen eine Woche alt, wird der Versuch schon problematisch, eventuell sogar erfolglos sein, da dann bereits die sensible Phase abgeschlossen ist.

Die Beziehung Glucke - Küken ist bei Hühnern recht gut erforscht. Die Bemühungen der Glucke um ihre Kleinen erscheinen sehr aufopfernd. Sie führt, behütet, wärmt, teilt alles mit ihnen und läßt ihnen auch beim Fressen den Vortritt. Hat sie Futter gefunden, ruft sie die Küken mit einem spezifischen Futterlockruf und bewegt den Schnabel entsprechend des Aufnehmens und Fallenlassens des Futters solange, bis die Küken zum Fressen kommen.

Manchmal scharrt sie so leidenschaftlich nach Futter, daß die Kleinen durch den Schwung weggeschleudert werden. Im Fall eines Kampfes zweier Glucken können die Küken in Mitleidenschaft gezogen werden, so daß, wenn 2 Glucken sich einen Hühnerstall teilen, gerade in der ersten Zeit darauf geachtet werden muß, ob die beiden sich vertragen. In der Regel ist die Rangordnung nach kurzem Kampf klar und die beiden kommen miteinander aus. Sind die Kämpfe für die führenden Tiere selbst mit zu großer Belastung verbunden, muß der Mensch eingreifen.

Die Küken können sich also total auf die Henne verlassen. Durch verschiedenartige Laute warnt sie vor Gefahren und je nachdem, welchen Warnruf sie von sich gegeben hat, verhalten sich die Küken, bis die Glucke den Entwarnungslaut von sich gibt. Untereinander zwitschern sie als Ausdruck von Geselligkeit und Wohlbefinden.

Man unterscheidet 3 Phasen bei der Entwicklung von Küken im Verhältnis zu ihrer ,,Familie", die auch für einige Fragen der Haltung bedeutsam sein können.

Totale Konzentrationsphase (0.-3. Tag)

Während der ersten 3 Lebenstage ist die Glucke der Mittelpunkt des Kükenlebens. Sie entfernen sich kaum von ihr. Die Glucke zeigt den Küken das Fressen und entfernt sich auch selbst nicht weit von dem ihr zugewiesenen Platz. In dieser ersten Zeit ist es also wenig sinnvoll, die Familie in den Auslauf zu lassen, da das Bedürfnis für größere Ausflüge nicht vorhanden ist.

Ich habe die Erfahrung gemacht, daß es nach dem Umzug vom Brutnest in den Kükenstall günstiger ist, die Tiere nicht heraus zu lassen. Es ist eine Zeit, in der sich die Glucke mit den Kleinen auf einen neuen Ort einstellt, und die Wahrscheinlichkeit, daß sie ihn akzeptiert, ist größer, wenn sie in den ersten Tagen mit den Küken dort bleibt.

Fluktuierende Kontaktzone (4.-12. Tag)

Jetzt laufen die Küken schon mehr hin und her, fangen an, Mut zu zeigen, und sind vor allem sehr neugierig. Noch immer ist die Glucke der Mittelpunkt und weiter als 3 Meter entfernen sie sich in der Regel nicht von ihr. Sie lassen sich jetzt nicht mehr in die Hand nehmen, wie in den ersten 3 Lebenstagen, sondern fangen sogleich an, jämmerlich nach der Glucke zu piepsen.

Dispersionsphase (ab der 2. Lebenswoche)

Die Unternehmungslust der Küken nimmt nun immer weiter zu, sie werden langsam sicherer, selbstbewußter und auch selbständiger. Sie entfernen sich jetzt immer weiter von der Glucke und langsam lockert sich der Familienverbund. Immer noch paßt die Glucke auf und warnt sie vor Gefahren, ruft zum Futter. Die Ausflüge der Familie werden länger. Die Geschwister kennen sich untereinander recht gut, sind aneinander orientiert.

Nach 2-3 Monaten beginnt die Auflösung des Idylls. Irgendwann fängt die Glucke an, nach ihren Kleinen zu hacken. Mit Neubeginn der sexuellen Regsamkeit erlöschen die Mutterinstinkte, sie beginnt wieder Eier zu legen und verläßt die nun selbständigen Jungtiere.

Putenküken

Einen Tag vor dem errechneten Schlupf stellt auch das Putenküken den ersten Kontakt zu seiner „Mutter" her. Bis zum Schlupf verstummt es dann. Auch bei den Puten hat die lautliche Verständigung eine große Bedeutung. Das Putenküken erkennt seine Glucke an der Stimme und kann sie gut von anderen Glucken unterscheiden. Die Putenglucke dagegen scheint ihre eigenen Küken nicht von fremden unterscheiden zu können und kümmert sich um alle Küken, die ihr über den Weg laufen. Wer also Eintagsküken kauft, um sie einer Pute unterzumogeln, wird immer auf ihr Verständnis und ihre Fürsorglichkeit bauen können. Gelingt es, die Kleinen an sie zu gewöhnen, wird sie die Küken wärmen und führen solange es notwendig ist.

Die Prägungsbereitschaft der Putenküken innerhalb der ersten 72 Stunden ist sehr stark und vergleichbar mit der der Gössel. Für die Haltung und Aufzucht heißt das, daß das Idyll zwischen Putenglucke und Küken nicht gestört werden darf. Ein Eingreifen oder gar Wegnehmen der Küken steht dem Mensch auch nicht zu. So besteht auch die Möglichkeit der Prägung auf den Menschen, wenn innerhalb dieser sensiblen Phase der Mensch als Betreuer der Küken dominiert. Die Puten sind dann eventuell derart auf den Menschen fixiert, daß ein Puter möglicherweise den Menschen auch dann anbalzt, wenn eine Pute in unmittelbarer Nähe ist.

Der wichtigste Bezugspunkt für die Kleinen ist die Glucke. Die Geschwister untereinander kennen sich vermutlich bis zum 3. Lebensmonat noch nicht genau, ihre Beziehungen scheinen somit nicht so bedeutsam zu sein. Die Putenglucke unternimmt mit ihren Küken schon sehr früh lange Ausflüge. Diese typische Eigenschaft der Pute kann allerdings zum Problem werden, wenn die Glucke artfremde Küken aufzieht, die leicht von der Unternehmungslust der Pute überfordert sein können. Die Auslaufmöglichkeiten sollten dann in der ersten Zeit lieber begrenzt werden.

Auch Puten warnen ihre Küken durch unterschiedliche Laute vor den Gefahren. Sind die Kleinen 8 Wochen alt, zeigen sie langsam selbst die nötige Aufmerksamkeit, flüchten bei Gefahr, sind ausreichend befiedert und brauchen nicht mehr gewärmt zu werden.

Im 3. Monat beginnen sie die Rangordnung zu erkämpfen. Erst spielerisch, später ernster, bis im 5. Monat ein Höhepunkt erreicht ist. Die Rangkämpfe hören auf, sobald die Rangordnung klar ist. Nun ist das Beißen und Verjagen der unterlegenen Tiere durch die ranghöheren an Stelle der Kämpfe an der Tagesordnung.

Entenküken

Die Brutente gibt während der Brut keinen Laut von sich, antwortet aber erstmals auf das Piepsen des Kükens im geschlossenen Ei. Auch der Kontakt zu den Geschwistern wird jetzt schon über Lautäußerungen hergestellt. Entenküken geben Laute der Zufriedenheit und Rufe des Verlassenseins von sich, auf die die Ente mit größter Aufmerksamkeit reagiert.

Bei Entenküken konnte festgestellt werden, daß die nachhaltige Prägung auf den Sexualpartner zeitlich später erfolgt als auf den Sozialpartner. Sozialpartner ist zunächst das Objekt, dem die Entenküken nach dem Schlupf angeborenermaßen nachlaufen, das kann auch eine sich bewegende Schachtel sein. In den ersten 25 Stunden ist die Nachfolgebereitschaft am größten.

Was die Prägung auf den Sexualpartner betrifft, heißt es, daß noch 3 Wochen alte Entenküken „fremdgeprägt" werden können. Voraussetzung ist dann allerdings ein Zusammensein von mindenstens 10 Wochen.

Gänseküken

Bei den Gänsen ist diese Beziehung zwischen dem noch im Ei lebenden Gössel und der Brutgans am augenscheinlichsten. Konrad Lorenz stellte fest, daß das Gössel bereits im Ei durch 3 verschiedene Stimmfühlungslaute Kontakt mit der Brutgans und den Gösseln in den benachbarten Eiern im Nest aufnehmen kann. Es kann zum Beispiel einen Weinlaut, das Pfeifen des Verlassenseins ußern, wenn das Ei zu stark abgekühlt ist, oder es grüßt mit einem zweisilbigen Laut, wenn ihm beruhigend zugesprochen wurde.

Die Kommunikation der Gänseküken mit der Brutgans und den Geschwistern beginnt schon einige Tage vor dem Schlupf, wenn die Haut der Luftblase durchstoßen ist und die Lungenatmung eingesetzt hat. Diese Kontaktaufnahme vor dem Schlupf ist sehr wichtig für die Gössel. Sie prägen sich die Stimme ihrer Brutgans und der Geschwister derart ein, daß sie sie nicht wieder vergessen. So habe ich kürzlich einen Gössel kurz vor dem

Schlupf aus dem Nest genommen, aus dem Ei gepult, da dies so zerdrückt war, daß sich der Kleine daraus nicht mehr hätte befreien können. Da der Gössel sehr schwach war, habe ich ihn 3 Tage unter der Rotlichtlampe in meinem Zimmer gehabt. Die anderen liefen derweil schon mit den Gänseeltern auf der Weide herum. Wie der Gössel nun kräftiger war, setzte ich ihn zu den anderen auf die Weide. Zu meinem Erstaunen wurde er sofort begrüßt und lief wenig später mit der Familie los, als hätte es diese 3 Tage unter der Rotlichtlampe nicht gegeben.

Erstaunlich ist dies deshalb, da es recht problematisch war, gleichaltrige Gössel einen Tag nach dem Schlupf der gleichen Gänsefamilie anzuvertrauen. Wenngleich das Gänsepaar großes Interesse an diesem zusätzlichen Nachwuchs zeigte, erreichten die Gössel nie so intensive Beziehungen zu den Alttieren, wie es bei der Naturbrut der Fall war. Die Prägung der Gössel in den ersten Lebensstunden auf das Objekt, das seinem Stimmfühlungslaut antwortet, ist so nachhaltig und nicht wiederholbar, daß nur aus wirklich lebensbedrohlichen Gründen dieser Prozeß gestört oder behindert werden sollte.

Gössel begrüßt das Muttertier

Die Gänseküken werden von Gans und Ganter gemeinsam aufgezogen und die Prägung auf den Ganter ist somit selbstverständlich. Doch werden die Gössel Schutz und Wärme in erster Linie immer von der Brutgans bekommen.

Einen Fall von „sexueller Fremdprägung" erlebte ich mit einem Ganter, der zusammen mit 12 Hühnerküken von einer Hühnerglucke aufgezogen wurde. Dieser Ganter fand den Anschluß an die Gänseherde im gleichen Auslauf nicht und war völlig auf die Hühnergruppe geprägt. Im Frühjahr, zur Zeit der erwachenden Sexualität, begann er sich immer mehr für den Hahn zu interessieren und wich nicht mehr von seiner Seite. Dadurch hielt er ihn von seiner wichtigen Aufgabe, der Begattung der Hennen ab. Er kam ständig dazwischen, so daß die Befruchtung der Eier unvollständig war. Er schien seine Individualität als Ganter aufgegeben haben, fettete seine Gefieder nicht mehr ein, so daß er tatsächlich naß wurde und sich bei Regen mit den Hühnern unterstellte. Er begleitete den Hahn zum Sandbad und wartete geduldig, bis er fertig war. Der Hahn duldete die Zuneigung — es blieb ihm ja auch nichts anderes übrig bei dieser Intensität der Zuneigung. Nachdem ich es lange Zeit nicht fertig gebracht hatte, diesen fehlgeprägten Ganter zu schlachten, habe ich mich kürzlich doch dazu aufgerafft, seine „Belästigungen" des Hahns waren doch zu störend.

Die natürliche Aufzucht

Der Schlupf

Im günstigsten Fall schlüpfen die Küken alle innerhalb eines Tages aus dem Ei. Zieht sich der Schlupf etwas länger hin, wenn die Eier unterschiedlich alt waren, empfiehlt es sich, einmal am Tag die leeren Schalen zu entfernen, damit sie sich nicht über die Eier der noch nicht geschlüpften Küken stülpen können.

Die Enten und die Gänse lassen allerdings niemand an ihre Nester, aber sie zertrampeln die leeren Eierschalen auch selbst, so daß ein derartiger Unfall seltener vorkommt.

Ist ein Ei schon seit 24 Stunden angepickt, was bei Gänsen nicht unüblich ist, und das Küken kommt nicht weiter, kann das Besprühen mit lauwarmem Wasser eine Schlupfhilfe sein. Vom Aufpulen möchte ich abraten, da dabei Blutgefäße verletzt werden können. Küken, die den Schlupf nicht aus eigener Kraft schaffen, sind in der Mehrzahl der Fälle nicht lebensfähig.

Wenn von 14 Eiern nur 3 oder 4 geschlüpft sind, können ohne weiteres noch Eintagsküken zugekauft und der Brüterin abends im Dunklen untergeschoben werden. Das klappt aber nur, wenn die Küken nicht älter als 2-3 Tage sind, da die Bereitschaft der Küken, der Glucke zu folgen, schnell erlischt. Eine Hühner- oder Truthuhnglucke kann gut 20 Küken führen, ein Gänsepaar und eine Ente ebenfalls.

Die sensible Phase

Innerhalb der ersten drei Lebenstage halten sich die Jungtiere in der Nähe des Nestes auf und auch die Brüterin entfernt sich nicht weit davon. Diese Zeit ist eine sensible Periode, innerhalb derer die Küken nachhaltig prägbar sind. Sie merken sich in den ersten 36 Lebensstunden (der Höhepunkt der Prägung liegt bei Enten- und Hühnerküken in der 13.-16. Lebensstunde) genau, wer ihre Glucke, bzw. bei den Gösseln, wer ihre Elterntiere sind und nehmen dieses Bild im Gesamteindruck in sich auf, so daß sie zeitlebens die eigene Art zu erkennen vermögen.

Die häufig zu hörenden Ratschläge, nach denen die erstgeschlüpften Tiere der Brüterin wegzunehmen und solange an einem warmen Ort gehalten werden sollen, bis auch das letzte Küken geschlüpft ist, wenn sich der Schlupf über einen längeren Zeitraum erstreckt (2-4 Tage), müssen abgelehnt werden. Zwar will man den Küken Gutes damit tun, vielleicht steht auch die Befürchtung dahinter, die Glucke würde verfrüht das Nest verlassen, obgleich noch nicht alle Küken geschlüpft sind. Doch wenn sie gerade während der wichtigen Zeit der Prägung von ihrer Glucke getrennt werden, sind ihnen die so bedeutenden Momente des ersten Kontakts vorenthalten, das starke Bedürfnis des Unterkriechens gerade dann verwehrt, wenn sie es so sehr brauchen.

Der Lebensraum der Küken

Sobald alle Küken geschlüpft sind und sich von den Schlupf-Strapazen erholt haben, können sie in den Kükenstall. Dieser sollte aber noch nicht gleich geöffnet werden, damit sich die Glucke erst einmal umgewöhnen kann und ihn auch als ihren künftigen Schlafplatz anerkennen lernt.

Ein Plätzchen im Hühnerstall einzurichten ist nicht immer von Vorteil. Die Hühner machen eventuell der Glucke ihren Platz streitig, oder sie gieren ständig nach dem Kükenfutter. Ich habe mit selbstgebauten Kükenställen, die ich draußen aufstelle, gute Erfahrungen gemacht. Ein Kükenstall für eine Glucke mit 15 Küken sollte ca. 1x1,50 Meter groß sein und kann aus alten Brettern oder aus Latten, die mit Kükendraht umspannt sind, bestehen (für 2 Glucken sollte er ca. 1,50x2 Meter sein). Eine alte Plane oder Teerpappe als Regenschutz oben und als Windschutz an den Seiten reicht völlig aus, wenn der Stall in einer geschützten Ecke des Auslaufs steht.

Allerdings darf besonders zum Erdboden hin kein noch so kleines Schlupfloch sein, damit keine Marder, Igel, Ratten oder andere Kükenfeinde hineingelangen können und die Küken auch nicht in den frühen Morgenstunden herauslaufen und dann ohne ihre Glucke schutzlos im Garten umherlaufen. Heraus finden sie meist, aber zurück schaffen sie es oft nicht.

Ab etwa dem 3. Tag werden die Jungtiere und auch die Elterntiere unternehmungslustiger. Das steigert sich bald so, daß schon nach 14 Tagen kaum erkennbar ist, wer hier nun wen führt, die Küken ihre Glucke oder umgekehrt.

Die Jungtiere können sich auf die Glucke oder Elterntiere verlassen. Wer dies bei den Hühnern beobachtet, wird feststellen, wie aufmerksam vor Gefahren aus der Luft und vom Erdboden mit jeweils unterschiedlichen Lautäußerungen gewarnt, wie die Katze vertrieben wird, die nach einem solchen Erlebnis wohl für immer einen großen Bogen um die Hühner machen wird. Hat ein Küken mal den Anschluß an Glucke und Geschwister verloren, piepst es sehr laut (Verlassenheitsweinen) und macht so die Glucke aufmerksam, die sofort in die Richtung strebt, aus der das Piepsen ertönte und dabei mit lautem, aufgeregtem Glucken antwortet.

Bei Puten-, Enten- und Gänseküken können ähnliche Erfahrungen gesammelt werden. Auf das Piepsen der Kleinen reagieren die aufziehenden Elterntiere immer mit größter Besorgnis und Erregung und antworten mit entsprechenden Stimmfühlungslauten.

Am günstigsten ist es, den Jungtieren immer getrennt von den ,,Alten" einen separaten Auslauf zu gönnen, wo sie zusammen mit den Elterntieren ungestört aufwachsen können. Dabei spielt auch die Qualität des Auslaufes für das Wachstum und Wohlbefinden eine große Rolle.

Stark verkotete, ,,hühnermüde" Ausläufe bieten den Küken nicht genügend Vitamine, Mineralien und Eiweißstoffe und zudem kann ein gemeinsamer Auslauf für Glucke und Küken sehr stressig werden. Manche Hähne hacken die Küken oder umwerben ständig die doch im Moment völlig desinteressierte Glucke. Für die Trennung spricht insbesondere bei Puten- und Hühnerküken auch die Gefahr der Übertragung von Krankheiten durch Alttiere, die völlig gesund erscheinen, jedoch Keimträger von Krankheiten sein können, die für die Küken sehr gefährlich sind.

Über die Mindestgröße des Auslaufes für eine Glucke mit 15 Küken gehen die Meinungen auseinander. 100 qm pro Glucke werden häufig als ausreichend erachtet. Ich selbst halte jedoch auch die doppelte Größe noch für zu klein, nicht nur wegen des schnellen Wachstums, sondern auch in Hinblick auf das große Weidebedürfnis, das bei Jungtieren noch ausgeprägter ist.

Ich habe festgestellt, daß sich 2 Glucken zusammen in einem Kükenstall sehr gut vertragen können und die Küken sogar in einer Art Teamarbeit betreuen. Voraussetzung ist allerdings, daß die Küken im Alter nicht mehr als 3-5 Tage auseinander sind und die Glucken möglichst am gleichen Tag in den Kükenstall umgesetzt wurden. Ich habe dann jeder ein Nest aus Stroh, mit Ziegelsteinen umrandet gebaut und durch ein Brett als Sichtschutz abgetrennt. Und was machten die Glucken? Sie quetschten sich mitsamt der Kükenschar auf nur einem Nest zusammen. Allerdings, ganz ohne Rangkämpfe geht so etwas nie ab.

Ich hatte auch schon Glucken, die ich wieder trennen mußte, da die Küken bei den permanenten Auseinandersetzungen getreten oder durch das Flügelschlagen in die Ecken geschleudert wurden. Also einfach erstmal ausprobieren und zu Anfang gut beobachten, wie sich die beiden vertragen. Möglich ist auch, daß gleich nach der ersten Auseinandersetzung die Rangordnung geklärt ist. Ansonsten finde ich es aber sehr praktisch, wenn mehrere Glucken gleichzeitig brüten und führen.

Für die Aufzucht von Gösseln ist eine gute und möglichst große Weidemöglichkeit wesentliche Voraussetzung, es sollten überhaupt nur dann Gänse gehalten werden, wenn ausreichend Weide zur Verfügung steht. Gänse sind ausgesprochene Weidetiere und fühlen sich nur wohl, wenn sie diesbezügliche Bedürfnisse befriedigen können. Für ein Gänsepaar, das ca. 8-10 Gössel erbrütet, sind mindestens 1000 qm erforderlich, die doppelte Größe wäre besser. Die Kleinen fangen nämlich schon an, Gras zu zupfen, wenn sie kaum stehen können und vom Ruck des Ausrupfens nach hinten kippen.

Auch bei den Putenküken ist das Weidebedürfnis sehr ausgeprägt. Die Glucke macht im Vergleich zum Huhn wesentlich längere und ausgedehntere Touren, auf denen sie sich als beste Futtersucherin entwickelt, aber eventuell auch Hühnerküken in den ersten Tagen überfordern kann, wenn ihre Ausflüge zu weit sind. Auch die Enten legen gerne weite Strecken zurück.

Die Kükenfütterung

Während der ersten zwei Lebenstage ist eine Fütterung nicht erforderlich, da die Küken kurz vor dem Schlupf den Dottersack in sich aufnehmen und somit einen beträchtlichen Nahrungsvorrat haben. Sie können sich also Zeit damit lassen, in den ersten Lebenstagen Eßbares von Nicht-Eßbarem unterscheiden zu lernen. Wasser benötigen sie allerdings. Für 20 Küken genügt ca. ein Liter in einer flachen Schale oder Kükentränke.

Gössel zippeln gleich überall herum und gucken auch von den Elterntieren das Grasfressen ab. Die Hühner- und Putenglucke zeigt ihren Küken durch Vorpicken und Glucklaute (Futterlockruf) geeignetes Futter an, das sie hochnimmt und immer wieder fallen läßt, und, wenn nötig, auch zerkleinert.

Für die ersten vierzehn Tage habe ich mit der folgenden fünfmal täglich angebotenen Futtermischung gute Erfahrungen gemacht:

— Haferflocken, Reis;
— 20 % Eiweiß (Puten benötigen 25 % Eiweiß);
— massenweise klein gehacktes Grünzeug (mit dem Zwiebelhacker geht es am besten), z. B. Brennesselblätter, Salatabfälle, Löwenzahn.

Den Eiweißbedarf decke ich durch klein gehackte harte Eier (1 Hühnerei täglich reicht für 8 Gössel, 3 Puten-, 12 Hühner- oder 7 Entenküken), das Ganze rühre ich mit dicksaurer Magermilch feuchtkrümelig an (nicht zu flüssig!).

Ab der 3. Lebenswoche reicht es, 4x täglich zu füttern und die Haferflocken können langsam durch Getreideschrote oder ein Gemisch von Getreideschroten (70-80 %) und zerstampften Kartoffeln (20-30 %) ersetzt werden. Bietet der Auslauf den Küken viele verschiedene Gräser und genügend Gewürm als Eiweißträger, kann das Grünzeug weggelassen und die Dickmilch entsprechend gekürzt werden. Das hartgekochte Ei ist nun nicht mehr nötig. Ab der 3. Woche benötigen Putenküken ca. 22 %, Hühnerküken 16 % und Entenküken nur ca. 12 % Eiweiß, bis etwa in der 8. Woche die Eiweißzufütterung noch weiter gesenkt werden muß.

Bietet der Auslauf nicht genügend Grünfutter, kann Keimgetreide (10 cm lang) eine gute zusätzliche Vitaminspende sein. Weizen- und Haferkörner werden dazu in flache Kisten mit Sand oder Erde gesät, so daß sie bei 15-20° C bald grün werden (täglich gießen).

Das im Landhandel erhältliche Kükenfutter enthält zwar alle notwendigen Nährstoffe und schließt jegliche Fütterungsfehler aus, doch ist zusätzlich noch ein Schuß Coccidiostatika und Antibiotika drin, die laut Futtermittelgesetz von den Herstellern ohne tierärztliches Rezept dem Kükenfutter bis zur Legereife zugesetzt werden dürfen und erst 3 Tage vor dem Schlachten abgesetzt werden müssen.

Coccidiostatika sind speziell für die heute dominierende Massenaufzucht von Küken als Vorbeugung gegen die gefürchtete Kokzidiose (auch Rote Kükenruhr genannte Erkrankung) bestimmt. Sie können auch wachstumshemmende Wirkung haben, die vielleicht durch den Zusatz von Antibiotika (Flavophospholipol, Oleandomycin, Spiramycin, Virginiamycin, Zinkbacitracin u. a.) wieder ausgeglichen werden. Der Zusatz von Antibiotika im Futter hat in den ersten 5 Lebenswochen eine eindeutig nachgewiesene wachstumssteigernde und auch eiweißsparende Wirkung. Dem Aufzuchtfutter der Putenküken dürfen bis zur Legereife Histomoniastatica (Amöbostatica) zugesetzt werden (z. B. Dimetridazol, Ronidazol), um die gefürchtete Schwarzkopfkrankheit (eine ansteckende Blinddarm-Leberentzündung) zu verhüten.

Sicher sind die Küken in den ersten Lebenswochen sehr empfindlich und können sich auch leicht im Auslauf der Althennen mit allen möglichen Erregern infizieren. Doch bekommen die Jungtiere bei natürlicher Aufzucht im Freilauf mit Glucke durch die Befriedigung ihrer Bedürfnisse eine Stärkung, die sicherlich positive Auswirkungen auf die Entwicklung von Abwehrkräften hat, so daß auf die zwar bequeme — weil nicht arbeitsintensive — Verwendung von Kükenstarter- und Kükenalleinfutter verzichtet werden kann. Ein guter Auslauf bietet soviel Vitamine, Mineralstoffe und Eiweiß, daß selbst eventuelle Fehler bei der Mischung des Futters ausgeglichen werden.

Übrigens sollten die Futtergefäße und Tränken jedesmal ausgespült und an warmen Tagen Reste gleich entfernt werden (die Althennen freuen sich darüber), da sie leicht säuern und Durchfall verursachen können.

Um das mühsam angerührte teure Kükenfutter vor der Glucke zu schützen, die sowieso nicht soviel Eiweiß fressen soll, stelle ich es unter ein auf Ziegelsteinen liegendes Brett und nach kurzer Zeit haben die Küken gelernt, wo ihr Futter steht. Futterglocken, Drahtkörbe o. ä. können ebenfalls als Futterschutz für gierige Alttiere verwendet werden. Futtergefäße und Tränken für Küken sehen genauso aus wie die der Alttiere, nur eben kleiner. Für jedes Küken muß soviel Platz da sein, daß es ohne von anderen Küken gestört zu werden picken kann.

Benötigte Freßfläche für Küken

Alter in Wochen	Hühner	Puten	Enten	Gänse
1.-3. Woche	3 cm	5 cm	3 cm	6 cm
3.-8. Woche	6 cm	10 cm	6 cm	10 cm
9.-24. Woche	8 cm	15 cm	8 cm	15 cm

Das Jungtieralter

Hühner

Im Alter von 8 Wochen ist aus dem Küken ein Jungtier geworden, strotzend vor Energie und Lebenskraft. Früher wurden die Jungtiere im Hühnerwagen oder anderen transportablen Aufzuchträumen auf die Stoppelfelder gebracht. Sie pickten dort die Erntereste auf und die Futterkosten konnten so relativ niedrig gehalten werden.

Heute werden die Hähne in den modernen Geflügelaufzuchtbetriebe im Alter von 8 Wochen geschlachtet, und die Hennen bleiben wegen des zu hohen Arbeitsaufwandes, zu hoher Kosten und Gefahren der Infektion im Auslauf lieber gleich im Stall.

Bei den leichten Rassen können jetzt schon Hähnchen und Hühnchen unterschieden werden, bei mittelschweren und schweren Rassen geht das manchmal erst im Alter von 3 Monaten. Wer die Möglichkeit hat, sollte die Hähne von den Junghennen trennen, sobald sie sich von der Glucke gelöst haben. Ich habe oft beobachtet, wie sie die Junghühner — bei den Althennen haben sie meist noch keine Chance — belästigen. Dabei sind die leichten Rassen noch stürmischer als die mittelschweren und schweren Hühnerrassen. Haben die Junghennen dann nicht ausreichend Möglichkeiten, auszuweichen, haben sie bald kahle Stellen auf dem Rücken. Die Junghähne könnten zu den Althennen gesetzt werden, was noch besser ist, als sie ganz unter sich zu lassen, wobei sie sich gegenseitig jagen würden.

Eine gemeinsame Aufzucht von Hahn und Huhn kann für beide so streßbeladen sein, daß Wachstum und Entwicklung negativ beeinflußt werden.

Die Fütterung ist nicht zuletzt auch abhängig vom Angebot im Auslauf. Der Eiweißanteil kann langsam reduziert werden, damit sich die Tiere nicht zu schnell entwickeln und die Geschlechtsreife zu früh eintritt, wenn der Körper noch nicht voll entwickelt ist. Da sich die benötigte Futtermenge ständig ändert, sind gerade für Jungtiere abgewogene Futtermengen abzulehnen. Besser sollte — geschützt vor den Alttieren, Schafen, Gänsen u. a. Tieren — ständig ausreichend Futter zur freien Aufnahme bereitstehen.

Eine gute Möglichkeit, das Wachstum zu kontrollieren, ist eine stichprobenartige Gewichtskontrolle in regelmäßigen Abständen. Die Tiere werden sich beim Wiegen ruhig verhalten, wenn sie in einem Pappkarton oder einem Sack gewogen werden. Grobe Abweichungen von den angegebenen Durchschnittsgewichten (siehe Tabelle auf Seite 120) können Hinweise geben. Junghennen, die in der 16.-18. Lebenswoche deutlich vom Durchschnittsgewicht abweichen, werden auch — selbst wenn sie später an Gewicht aufholen — in der Regel eine niedrige Legeleistung haben.

Die Verfütterung von Zwiebeln, Knoblauch oder Möhren im Weichfutter ist wichtig, um dem Wurmbefall der Jungtiere vorzubeugen.

Die Beobachtung der Junghennen kann Informationen über ihre späteren Eigenschaften als Legehennen geben. Eine Junghenne, die später viele Eier legen wird und vor Gesundheit strotzt, ist an folgenden Verhaltensweisen zu erkennen:

— sie verläßt morgens die Sitzstange sehr zeitig und
— bleibt bis zum Einbruch der Dunkelheit im Auslauf;
— sie pickt sehr schnell und eifrig und kostet nicht erst lange.

Umgekehrt wird ein Tier, das sehr früh abends die Stange aufsucht und meist auch später „aufsteht" und dadurch nur noch wenige Kerbtiere, Würmer und Insekten im morgendlichen feuchten Auslauf findet, langsam pickt und erst lange am Futter herumkostet, keine so gute Legehenne werden. Schwach entwickelte Tiere haben nicht selten auch blasse Gesichter, zurückgebliebene Kämme und ausdruckslose Augen.

Puten

Die Putenglucke führt ihre Küken ca. 6-8 Wochen. Doch bereits in der 5. Lebenswoche sollten den Küken niedrigere Sitzstangen zur Verfügung gestellt werden. Das Bedürfnis, schon so früh aufzubäumen, ist auch bei den Wildputen zu beobachten, entspricht also ihrer natürlichen Lebensweise. Eine Brustbeinverkümmerung, die bei den Hühnern oft festzustellen ist, wenn sie zu früh auf der Stange schlafen, ist bei Puten nicht zu befürchten.

Bis zum Zeitpunkt der vollen Befiederung in der 10.-12. Woche sind die Kleinen empfindlich gegenüber Nässe, so daß immer darauf geachtet werden soll, daß sich auch wirklich alle unter der Putenglucke richtig wärmen und trocknen können, falls sie mal naß geworden sind.

Danach aber, wenn sie 12 Wochen alt sind, sind die Jungputen sehr robust. Am besten entwickeln sie sich, wenn sie ihr Weidebedürfnis in einem großen Auslauf gut befriedigen können. Wer ihnen noch zusätzlich etwas Gutes tun möchte, kann hin und wieder mal Kamillen- oder Fenchelaufgüsse als Tränke bereitstellen. Werden sie im Kükenalter durch unterschiedliche Warnrufe vor Gefahren gewarnt, so entwickeln sie nun langsam selbst die erforderliche Aufmerksamkeit und die Fluchtreaktionen, die sie in der Kükenphase zeigten, verschwinden langsam.

Die kleinen Puten sind in erster Linie auf ihre Glucke bezogen und im Vergleich zu Hühnerküken an ihren Geschwistern nicht so interessiert und kennen sich auch bis zum 3. Lebensmonat nicht so genau wie die Hühnerküken untereinander. Bis zu diesem Zeitpunkt sind auch alle Auseinandersetzungen nur spielerischer Art. Vom 3. Lebensmonat an bis in den 5. Monat werden die Kämpfe dann langsam ernster und hören erst auf, wenn die Rangordnung feststeht. Nun werden die unterlegenen Puten von den Ranghöheren gebissen und vom Futterplatz verjagt.

Was die Fütterung betrifft, kann eigentlich im großen Auslauf nicht viel falsch gemacht werden. Das Futterangebot auf der Weide wird sicherlich Mangelerscheinungen verhindern.

Infolge ihres schnellen Wachstums benötigten die Putenküken und Jungputen relativ viel Eiweiß. Auch für Jungputen ist Bereitstellung von Futter zur freien Aufnahme günstiger als eine abgemessene Futtergabe morgens und abends.

Enten und Gänse

Ist das Wassergeflügel erst einmal befiedert, kann im Grunde nichts mehr passieren.

Die Entenglucke wird sich nicht mehr um die Kleinen kümmern, während das aufziehende Gänsepaar mit den Jungtieren weiter Tag für Tag über die Weide marschieren wird. Je nach Bewuchs der Weide braucht den Junggänsen kein zusätzliches Futter angeboten werden.

Wer sich nun nicht ganz sicher ist, ob die Gewichtszunahme ausreichend ist, kann zunächst einmal eine wöchentliche Gewichtskontrolle durchführen und dann bei unzureichender Zunahme eventuell abends ein Körnergemisch zur beliebigen Aufnahme bereitstellen. Und wenn das immer noch nicht ausreicht, was unwahrscheinlich ist, kann morgens noch ein Weichfutter gegeben werden.

Jungenten werden nicht selten schon im Alter von 2-2 1/2 Monaten, spätestens vor der Mauser geschlachtet. Während der Mauser (Pekingenten z. B. mausern alle 8-10 Wochen) sind die zahlreichen kleinen Stoppelfederchen sehr ärgerlich. Liegen viele Federn im Entenhof herum, kann davon ausgegangen werden, daß die Tiere gerade mausern.

Jungenten wird das Wiesenfutter in der Regel nicht ausreichen. Falls sie geschlachtet werden sollen, empfiehlt sich eine Weichfuttergabe morgens und mittags, soviel wie die Enten haben wollen und abends eine Körnermischung zur beliebigen Aufnahme. Enten, die für die Weiterzucht gedacht sind, erhalten natürlich weniger, morgens etwas Weichfutter und abends Körnerfuttermischungen zur beliebigen Aufnahme.

Durchschnittliche Gewichte des Junggeflügels

Woche:	1.	2.	3.	4.	5.	6.	7.	8.	9.	10.	11.	12.	13.	14.	15.	16.	17.
Hühner																	
leichte Rasse	45 g	100 g	140 g	180 g	240 g	300 g	400 g	425 g		575 g		800 g		850 g		1000 g	
schwere Rasse	60 g	130 g	200 g	240 g	300 g	350 g	450 g	525 g		625 g		850 g		1025 g		1250 g	
Puten																	
leichte Rasse	90 g	130 g	210 g	300 g	410 g	530 g	620 g	750 g	1050 g	1200 g	1290 g	1600 g	2000 g	2220 g	2500 g	2750 g	3000 g
schwere Rasse	110 g	200 g	300 g	500 g	700 g	950 g	1200 g	1500 g	1700 g	2000 g	2400 g	2800 g	3100 g	3500 g	3950 g	4300 g	4600 g
Enten																	
leichte Rasse	48 g	90 g	170 g	250 g	480 g	620 g	900 g	1210 g	1500 g	1700 g	1750 g	1900 g	1950 g	2050 g	2250 g	2280 g	2300 g
schwere Rasse (Pekingente)	60 g	110 g	200 g	300 g	600 g	900 g	1300 g	1500 g	1800 g	2100 g	2300 g	2500 g	2550 g	2600 g	2800 g	3050 g	3200 g
Gänse																	
leichte Rasse	120 g	220 g	270 g	490 g	740 g	880 g	1000 g	1300 g	1920 g	2200 g	2390 g	2500 g	2680 g	2800 g	3100 g	3150 g	3200 g
schwere Rasse (Pommerngans)	280 g	440 g	650 g	1100 g	1800 g	2300 g	2900 g	3300 g	3900 g	4300 g	4400 g	4450 g	4700 g	4880 g	4900 g	4990 g	5000 g

Hinweise für den Verkauf von Jungtieren

Das Jungtieralter ist für den Verkauf von Zuchttieren ein sehr günstiger Zeitpunkt. Die Tiere müssen nicht geschlachtet werden und der Preis ist in der Regel beachtlich. Falls die Tiere nicht in der unmittelbaren Nachbarschaft verkauft werden können, empfiehlt sich eine Anzeige in den Zeitungen der Rassegeflügelzüchter.

Wer seine Tiere verkaufen möchte, muß wissen, welches Geschlecht sie haben. Aussagen, die bei den Hühnern nur auf Grund äußerer Merkmale, insbesondere am ausgeprägteren Kammansatz der Hähnchen, möglich sind, können bei Enten und Gänsen mit großer Sicherheit sehr früh, für Geübte manchmal schon in den ersten Lebenstagen erfolgen, da die Männchen einen Penis haben (übrigens eine Seltenheit bei Vögeln). Mit etwas Übung ist er schnell zu finden. Am einfachsten geht es zu zweit. Einer hält das Tier und der andere stülpt das Loch vorsichtig vor und auseinander, bis das kleine Schwänzchen sichtbar wird oder auch nicht.

Bei Puten muß ebenfalls gewartet werden, denn erst nach 12 bis 14 Wochen ist das Geschlecht erkennbar. Der Fleischzapfen über dem Schnabel läßt sich dann bei Hähnen langziehen, bei Hennen nicht. Und außerdem ist der Kopf des Puters unbefiedert, der der Henne zeigt eine spärliche Befiederung.

Für den Verkauf ist es günstig, wenn die Tiere mit Ringen des *Bund Deutscher Rassegeflügelzüchter e. V.* beringt sind, die von den Landesverbänden der Rassegeflügelzüchter gegen geringes Entgeld versendet werden (Adressen siehe Anhang). Diese geschlossenen Metallringe lassen sich nur im Jugendalter über das Bein streifen und sind eine sichere Aussage über das Alter.

Krankes Geflügel

Aufzuchtkrankheiten bis zur 8. Lebenswoche

Zwar ist die Empfindlichkeit der Küken aus artgerechter Brut und Aufzucht nicht so hoch wie bei der künstlichen Massenaufzucht, doch werden sicher viele, die schon ein paar Jahre Geflügel halten, erlebt haben, daß doch hin und wieder eines erkrankt und stirbt oder auch mal eine ganze Kükenschar innerhalb kurzer Zeit infiziert wird. Und so kann es einen mutlos machen, wenn jeden Tag tote Küken im Stall liegen. Auch die besten Aufzuchtbedingungen sind nicht immer ausreichender Schutz der sonst sehr robusten Naturbrutküken.

Die Möglichkeit einer Erkrankung durch verschiedene Kokozidienarten oder Würmer ist bei freilaufenden Küken außerordentlich hoch. Da sich die Wurmeier und auch die Oocysten (Eier der Kokzidien) im Auslauf, insbesondere in feuchter Einstreu sehr lange halten können, sollten Küken eben möglichst nur in Ausläufen aufgezogen werden, auf denen mindestens ein Jahr lang kein Geflügel aufgezogen wurde. Die Kleinen sind viel empfindlicher als die Alttiere.

Auch wird es nicht immer möglich sein, die Küken von den Alttieren zu trennen, die Überträger von Krankheiten sein können, an denen sie selbst nicht erkranken, die jedoch für die Küken tödlich sein können.

Ich kann an dieser Stelle nur stichpunktartige Hinweise über einige der möglichen Erkrankungen im Kükenalter geben. Daher möchte ich auf das kleine Heftchen von M. Rockstroh *Geflügelkrankheiten* verweisen, das weiterführende Informationen gibt.

Weiße Kükenruhr (Pullorumseuche)

Erreger dieser Krankheit, die in erster Linie Hühner- und Putenküken, aber auch Entenküken in den ersten 14 Lebenstagen befallen kann, ist ein sehr widerstandsfähiges Salmonellenbakterium. Diese Erkrankung kann durch völlig gesund erscheinende Althennen übertragen werden und bricht 2-3 Tage nach der Infektion aus. Die Symptome sind nicht immer gleich. Küken, die sich bereits im Ei infiziert haben, sterben oft ohne merkliche Krankheitszeichen während der ersten Lebenstage. Bricht die Krankheit in der 2. Woche aus, können sich folgende Symptome zeigen:

— Piepen beim Kotabsatz;
— Mattigkeit;
— Freßunlust;
— Durst;
— Tiere lassen die Flügel hängen;
— weiße bis grünliche Durchfälle, die die Kloake verkleben, so daß kein Kot mehr abgesetzt werden kann.

Die sichere Diagnose kann der Tierarzt über einen Frischbluttest erstellen. Bis heute gibt es kein Mittel, daß hundertprozentig hilft. Die Sterblichkeitsrate kann mit Sulfonamiden eingeschränkt werden, jedoch bleiben die Küken im Wachstum zurück. Früher konnten durch Verfütterung von Kapuziner- und vor allem Gartenkresse die Verluste um bis zu 45 % gesenkt werden. Da diese Seuche auch durch den Kauf von Bruteiern oder Eintagsküken eingeschleppt werden kann, ist darauf zu achten, daß die verkaufenden Betriebe pullorum-frei sind.

Kokzidiose

Diese durch Protozoen verursachte Krankheit befällt in erster Linie Hühner- und Putenküken. Bei Enten spielt sie keine Rolle und Gössel erkranken vereinzelt an Nieren-oder Darmkokzidiose.

Sehr gefürchtet ist die als *Rote Kükenruhr* bekannte Blinddarmkokzidiose der Hühnerküken von der 2. bis 8. Lebenswoche. 3 Tage nach der Ansteckung, die durch das Picken im Kot, feuchte Einstreu etc. erfolgen kann (Eier der Kokzidien, die Oocysten, werden mit dem Kot ausgeschieden und können beim Picken auf dem Boden oder im Kot wieder neu aufgenommen werden, da sie sehr lange lebensfähig bleiben), zeigen sich folgende Symptome:

— Mattigkeit, Schläfrigkeit, lustloses Herumstehen;
— Freßunlust und Trinkfaulheit;
— Hängenlassen der Flügel;
— verschmutztes Gefieder;
— etwas breiiger, gelber bis schokoladenbrauner, später blutiger Kot durch die zerstörende Wirkung der Protzoen im Blinddarm;
— Abmagerung;
— im akuten Stadium kommt es innerhalb weniger Tage zum Tod.

Die Blinddärme der toten Tiere sind aufgetrieben und fleckig blau-rot. Haben die Tiere den 6. Krankheitstag überlebt, genesen sie zu 90 % auch ohne Behandlung, die etwas erschwert ist, da die Küken kaum Wasser und Futter zu sich nehmen, über die das Medikament (hauptsächlich Sulfonamide) gegeben wird. Auch hier gibt es kein hundertprozentig wirksames Mittel.

Bei älteren Küken und Putenküken sitzen die Kokzidien im Dünndarm. Die Kotabsonderungen sind senfartig, schaumig. Auch ein Kükenfutter mit Antikokzidiostatika schützt nicht immer vor einer Infektion und in letzter Zeit häuft sich der Verdacht, daß die Protozoen, von denen es sehr viele verschiedene Arten gibt, resistent werden und auf einige vorbeugend gegebene Medikamente nicht mehr ansprechen wollen.

Schwarzkopfkrankheit (Blackhead)

Vor allem bei den Putenküken in der 4.-14. Lebenswoche tritt diese ansteckende Blinddarm-Leberentzündung, verursacht durch Protozoen, auf. Werden Putenküken und Hühner im gleichen Auslauf gehalten, ist die Infektionsgefahr für die Küken erhöht. Sehr enge Haltungsbedingungen und geringe Abwehrkräfte der Putenküken begünstigen den Krankheitsausbruch. Krankheitszeichen sind:

— Mattigkeit;
— mangelnde Freßlust;
— Schläfrigkeit;
— Küken stehen herum und sträuben das Gefieder, lassen die Flügel hängen;
— schleimiger, zuerst weißlicher und schließlich gelbgefärbter und stinkender Durchfall;
— Kopfhaut ist manchmal (keineswegs immer) dunkel bis blauschwarz (blackhead).

Die Küken können ganz plötzlich sterben. Der Tierarzt kann kein wirksames Mittel verschreiben.

Luftröhrenwürmer

Der Befall mit dieser Rundwurmart, die 2-20 mm lang sind, führt bei Hühner- und Putenküken unter 8 Wochen zu schweren Krankheitszeichen (ältere Tiere zeigen keine Symptome) und schließlich zum Tod. Die durch aufgenommenes Blut rotgefärbten Würmer sitzen in der Luftröhre und den Bronchien und verursachen Atembeschwerden bei gestrecktem Hals und aufgesperrtem Schnabel, Husten und Niesen. Später sind die Küken teilnahmslos, fressen wenig und magern schnell ab.

Die sicherste Diagnosestellung ist eine Untersuchung des Kotes oder des Rachenschleimes auf Wurmeier. Der Tierarzt hat ein wirksames Wurmmittel. Der Wirkstoff Cambendazol (60 mg/kg Körpergewicht) oder Fenbendazol (20 mg/kg Körpergewicht) tötet die Würmer und läßt die Küken weiterleben.

Krankheiten bei erwachsenen Tieren

Es ist selten, daß ausgewachsene Tiere erkranken. Die meisten Erkrankungen fallen in die Zeit des Kükenalters. Doch hin und wieder stirbt auch mal ein Huhn, seltener eine Ente, Gans oder Pute. Und oft fällt das Tier schon vorher auf. Kranke Tiere können an typischen Verhaltensmerkmalen erkannt werden:

— lustloses Herumstehen;
— Freßunlust;
— sie sondern sich von der Gruppe ab;
— sie können den Kopf einziehen, trauern, Flügel hängen lassen.

Manche Tiere sterben aber auch plötzlich ohne vorherige Anzeichen. Selbstverständlich sind die Anzeichen bei den einzelnen Krankheiten unterschiedlich. Viele scheuen sich, wegen einer kranken Gans, einem kränkelnden Huhn einen Arzt zu Rate zu ziehen. Nicht alle Tierärzte sind auch tatsächlich eine Hilfe bei Geflügelkrankheiten, es gibt aber auch Fachkliniken für Geflügelkrankheiten.

In einigen Fällen wird es aber immer richtig sein, ein krankes Tier zu schlachten. So kann ihm oft bevorstehendes Leid erspart werden (so vermute ich aus menschlicher

Sicht) und wir können es vielleicht auch noch bedenkenlos essen.

Um einen besseren Einblick in Geflügelkrankheiten zu bekommen, halte ich den Gang in die Bibliothek für sehr hilfreich. Das Bildmaterial in den Fachbüchern kann einen kleinen Überblick geben.

Wenn es auch etwas Überwindung kosten mag, das Öffnen toter Tiere kann manchmal recht hilfreich sein. Wie ein totes Tier richtig zerlegt und beurteilt werden kann, wird im Buch von P. Hilbrich *Krankheiten des Geflügels* gut beschrieben und anhand einer Bilderserie verdeutlicht. Besser aber ist es, wenn man vielleicht einen Tierarzt kennt, der an Geflügelkrankheiten Interesse hat.

Für den Fall einer Erkrankung: Das kranke Tier möglichst separat halten, solange nicht geklärt ist, ob es andere anstecken kann. Außerdem empfiehlt sich eine besonders vitamin- und eiweißreiche Ernährung. Die nachfolgende Liste soll einen ersten Überblick über die ungeheure Vielzahl von Krankheiten beim Geflügel geben. Und im Anhang ist eine Liste mit Adressen, die eventuell Hilfe geben können, wenn kein Tierarzt in der Nähe ist.

Auswahl einiger wichtiger Geflügelkrankheiten

	Symptome	Ursache	Therapie
Aspergillose (Schimmelkrankheit)	Küken des Wassergeflügels, Hühner- und Putenküken sind am anfälligsten, aber auch Alttiere sind hin und wieder betroffen. — Atembeschwerden, z. B. Rasselgeräusche, eventuell Nasenfluß. — Abmagerung. — Allgemeine Schwäche. — Durchfall. Der Tod tritt nach völliger Entkräftung ein.	Erkrankungen durch verschiedene Pilzarten, die über schimmliges Futter oder Stroh eingeatmet werden können. Die gefährlichen Sporen sind nicht von Tier zu Tier übertragbar. Schlecht genährte und schwächliche Tiere sind besonders gefährdet.	In Frage kommende Medikamente sind wenig aussichtsreich und im fortgeschrittenen Stadium zwecklos, zudem auch sehr teuer.
	Die Diagnose kann am sichersten am toten, geöffneten Tier gestellt werden. In den Lungen, Luftsäcken, Bronchien und in der Leibeshöhle sind stecknadelkopf- bis erbsengroße knorplige Knoten, eventuell auch ein grüner Schimmelrasen auf oder in den Organen.		

Auswahl einiger wichtiger Geflügelkrankheiten (Fortsetzung)

	Symptome	Ursache	Therapie
Kammgrind (Favus)	Ungefiederte Teile des Kopfes, nämlich Kamm, Kehllappen, Ohrscheiben sehen aus, wie mit Mehl bestäubt, sind besetzt von weißlichen dicken borkigen Belägen.	Ein meist bei Hühnern, z. T. auch bei Puten auftretende Fadenpilzerkrankung der Haut. Die Übertragung erfolgt durch Berührung. Die Diagnose ist mit Hilfe einer mikroskopischen Untersuchung zu stellen. Muffige und ungepflegte Ställe und Ausläufe fördern die Entstehung.	Reinigung und Desinfizieren des Stalles. Die Borken können dick mit Schmierseife eingerieben und dann nach ein paar Tagen vorsichtig abgehoben werden. Anschließend Heilsalbe, bis alles in Ordnung ist.
Flügel- oder Beinbrüche	Eine Heilung kann versucht werden, wenn das gebrochene Glied nicht völlig abgebrochen oder zersplittert ist.	Unfälle	Verletzte Flügel, in die natürliche Lage gebracht, werden nach dem Körper hin mit Watte ausgepolstert, dann durch Auflegen von Holzstäben geschient und befestigt. Nach ca. 2-3 Wochen ist der Bruch in der Regel verheilt.
Bauchwassersucht (Aszites)	Ständige Zunahme des Bauchumfanges. Beim Aufnehmen der Tiere ist die Be-Bewegung des Wassers spürbar. Die erkrankten Tiere stehen aufrecht (Pinguinstellung). Die Diagnose wird durch einen Frischbluttest gestellt werden können.	Eileiterentzündung, die durch Salmonellen hervorgerufen sein kann. In erster Linie werden erwachsene Hühner, aber auch Puten und Enten befallen.	Wenig sinnvoll, da kein Mittel vorhanden, daß die Pullorumbakterien sicher vernichtet. Da damit gerechnet werden muß, daß event. genesene Tiere Keimträger bleiben, sollten erkrankte geschlachtet werden.

Auswahl einiger wichtigen Geflügelkrankheiten (Fortsetzung)

	Symptome	Ursache	Therapie
Ballenschwülste	Abzesse und Geschwüre am Ballen und den Zehengelenken bei Hühnern und Puten, meist im 1. Legejahr.	Ballengeschwülste können durch scharfkantige Sitzstangen entstehen, auf denen sich die Tiere krampfhaft festhalten müssen, so daß Entzündungen entstehen.	Die richtig straffe, gelbe Geschwulst nach gründlicher Reinigung mit scharfem Messer oder Rasierklinge eröffnen und den käseähnlichen Brei entfernen. Jod. Druckverband.
Cholera	12-48 Std., manchmal auch 4-9 Tage nach der Anstekkung zeigen sich — bläuliche Verfärbung des Schnabels bei Wassergeflügel und des Kammes beim Huhn; — schlechtriechender Durchfall; — Freßunlust; — Durst; Durchfall ist fleckig-blutig, später grünlich-rot. Der Tod kann blitzartig, ohne vorherige Krankheitsanzeichen nach 1-4 Tagen oder bei langsameren Verlauf nach 1-2 Wochen eintreten. Die Cholera ist heute sehr selten, nur beim Wassergeflügel hin und wieder vorkommend.	Die Ansteckung dieses Bakterium erfolgt über verseuchte Teiche, Vogelmil-Sperlinge, Kauf infizierter Tiere. Genesene oder nicht erkrankte Tiere aus verseuchten Beständen können diese meldepflichtige Seuche übertragen.	Meist kommt jede Behandlung zu spät. Sulfonamide und Antibiotika komdung.
Durchfall	Flüssiger Kot bei allen Arten des Geflügels.	Durchfälle können Symptome anderer Erkrankungen sein und dürfen nicht übersehen werden. Die einseitige Weizenfütterung, Erkältungen, verdorbenes oder erfrorenes Futter kann Durchfall hervorrufen.	Nur Verfüttern von einwandfreiem Futter. Medizinische Holzkohle, abgekochtes Reiswasser, Kamillen- oder Pfefferminzteegetränke können Abhilfe schaffen.

Auswahl einiger wichtiger Geflügelkrankheiten (Fortsetzung)

	Symptome	Ursache	Therapie
Salpingitis	Hühner zeigen bei dieser Erkrankung folgende Symptome Fließeier(ohne Schale), verschmutz- Gefieder am Unterbauch in der Umgebung der Kloake — Nachlassen der Legetätigkeit. Im geöffneten Tier findet sich eine gerötete Schleimhaut mit gelb bis weißlicher Flüssigkeit oder auch feste gelb-käsige Massen, die eine deutliche Schichtung auf der Schnittfläche zeigen.	Verantwortlich können Colibakterien oder Salmonellen, aber auch der Befall mit dem Eileitersaugwurm (übertragen durch Libellen) sein. Hohe Legeleistungen und Anfälligkeit gegenüber Infektionen der Fortpflanzungsorgane fördern die Entstehung dieser Krankheit, die auch als Vorstufe der Legenot bezeichnet wird.	Waschung und Spülung der Kloake und des unteren Eileiterabschnittes mit lauwarmem Salzwasser (2-4 TL auf 1/4 l Wasser) können versucht werden. Event. können Sulfonamide oder Antibiotika gegeben werden. Die Behandlung ist nur sinnvoll, wenn die Ursache nicht Salmonellen sind.
Legenot	— Bei Hühnern auftretendes Unvermögen, ein Ei zu legen; — aufrechte Stellung (Pinguinhaltung); — starke Beunruhigung des Tieres.	— Zu große Eier; — Salpingitis; — Tumor; — teilweise Lähmung des Eileiters.	Manchmal läßt sich das Ei durch Massage der Bauchdecke herausmassieren. Die Eileitertätigkeit kann durch Dampfbäder angeregt werden (Huhn liegt auf Korb, durch den Wasserdampf aufsteigt). Stülpt sich die Kloake nach außen, kann mit 2 Fingern der Wulst der Eileiterschleimhaut umfaßt und das Ei herausgedrückt werden. Eine andere Möglichkeit ist das Zerbrechen der Schale und die Reste zu entfernen.

Auswahl einiger wichtiger Geflügelkrankheiten (Fortsetzung)

	Symptome	Ursache	Therapie
Spulwürmer (Askariden) Größe: Männchen 5-8 cm Weibchen 6-12 cm	Vor allem bei Hühnern und Puten beobachtete Wurmerkrankung, die zu — Mattigkeit; — Rückgang der Legetätigkeit; — Durchfall; — Abmagerung führt. Bei Küken unter 3 Monaten ist das Wachstum gestört, eine Anämie feststellbar und eine nicht unbedeutende Sterblichkeit die Folge.	Aufnahme von Spulwurmeiern im Auslauf oder der Einstreu, die monatelang lebensfähig bleiben, erst durch längere Frosteinwirkung und Sonnenbestrahlung abgetötet werden. Die Diagnose wird durch eine Kotuntersuchung gestellt.	Wurmkur durch den Tierarzt mit Piperazin (250-500 mg pro Huhn mit dem Futter) oder Concurat (40 mg/kg Körpergewicht) oder Fenbendazol (8 mg/kg Körpergewicht) an 3 aufeinanderfolgenden Tagen. Vorbeugegend ist die Einrichtung von Wechselausläufen, Abtragen des stark verkoteten Bodens (nicht umgraben).
Haarwürmer Größe: 15-80 mm lang; 1/20 mm dicker Rundwurm	— Mattigkeit; — Wachstumsstörungen; — Durchfall; — helle Dotter; — hochgradige Abmagerung; — Lahmheit; — unter Jungtieren oft Todesfälle. Befällt vor allem Hühner	Die meisten Haarwürmer benötigen den Regenwurm als Zwischenwirt für das Larvenstadium oder werden auch über den Auslauf und die Einstreu aufgenommen.	Wurmkur durch den Tierarzt mit Concurat-L (40 mg/kg Körpergewicht) oder Mebendazol (30 mg/kg Körpergewicht, 3 Tage hintereinander) oder Cambendazol (60 mg/kg Körpergewicht).
Bandwürmer Kleiner Hühnerbandwurm: 1-4 mm lang; Großer Hühnerbandwurm: bis 10 cm lang	— Verschlechterung der Legeleistung, geringe Gewichtszunahme. Manche Autoren sehen keine bedeutenden Krankheitszeichen durch den Befall mit Bandwurmarten.	Übertragung durch Zwischenwirte (Regenwürmer, Ameisen, Lauf-, Dung- u. Mehlkäfer als Überträger der großen Arten; Schnecken übertragen den kleinen Hühnerbandwurm). Diagnose erfolgt durch Zerlegung.	Wenn unbedingt erforderlich, nach Absprache mit dem Tierarzt Wurmkur. (Achtung: die Mittel sind z. T. recht giftig; unbedingt auf Wartezeit achten!)

Auswahl einiger wichtiger Geflügelkrankheiten (Fortsetzung)

	Symptome	Ursache	Therapie
Federlinge Größe: 1-3 mm lang Kerbtiere mit 3 Beinpaaren und beißenden Mundwerkzangen	Starker Federlingsbefall kann die Legeleistung senken, da auch das Allgemeinbefinden sehr gestört ist. Z. T. kommt es in der Kloakengegend zu Hautrötungen und Entzündungsherden.	Weißliche Eierklumpen an den Federkielen in der Kloakengegend und die hell- bis dunkelbraunen Federlinge im Gefieder der Tiere weisen auf den Befall mit Federlingen hin, die sich von Haut- und Federteilen ernähren.	Einpudern des einzelnen Tieres, z. B. mit Alugan (nach 10 Tagen wiederholen. Achtung: Wartezeit! Besser ist, eine solche Behandlung z. Zt. der Mauser oder zu Beginn der Brutzeit zu machen, wenn keine Eier anfallen.
Vogelmilben Größe: 0,7x0,4 mm 4 Beinpaare, nicht segmentierter Körper	Vogelmilben befallen alle Geflügelarten, doch bevorzugt Hühner. Die Milben sitzen in kleinen Ritzen unterhalb der Sitzstangen und kommen nachts zum Blutsaugen. Hühner haben farblose Kämme, Mattigkeit, Abmagegerung, Anämie,	Ein alter, feuchter und dunkler Stall fördert das Aufkommen von Milben. Spatzen verbreiten Milben.	Das Einstäuben der einzelnen Tiere ist nicht ausreichend. Der ganze Stall müßte gesäubert und neu gekalkt werden. Die Sitzstangen besonders sorgfältig behandeln! Ein wirksames Mittel durch den Tierarzt. (Achtung: Wartezeit!).
Kalkbeinmilbe Größe: Weibchen 0,2-0,5 mm Männchen halb so groß	Befallen werden ältere Puten und Hühner. Die Milben graben sich innerhalb von 3 Wochen in unbefiederte Körperteile und lassen Entzündun- vor allem die Beine gen entstehen, die zu borkenartigen Auftreiungen und Aufheben der Fußschuppen führen.	Verantwortlich ist die Kalkbeinmilbe, die besonders in dunklen, unsauberen Ställen anzutreffen ist.	Putzaktion im Hühner- oder Putenstall und vor allem eine Behandlung der Sitzstangen (heiß abscheuern evtl. Insektizide). Die Borken werden mit Glyzerin oder Schmierseife eingeweicht und mit 5%iger Sodalösung abgewaschen. Waschung mit Insektizid-Waschmitteln. Muß nach 2-3 Wochen wiederholt werden.

Exkurs:
Wissenswertes über Körperbau, Innere Organe und Körpervorgänge

In der Regel ist heute kaum jemand fähig, ein Huhn auszunehmen. So mancher hat gewisse Kenntnisse über den Körperbau von Geflügel, die vom Zerlegen eines Brathuhns oder der Weihnachtsgans stammen. Doch darüber hinaus gibt es einiges Wissenswertes über die Körpervorgänge des Geflügels, das besonders für Geflügelhalter bedeutsam ist.

Doch erstmal ein paar interessante Werte:

	Puls/Min.	Temp.	Atm./Min.
Huhn	240	41.5	30
Pute	90	41.0	13
Gans		40.5	20
Ente		41.0	60

Das Skelett

Das Knochengerüst der Hühnervögel ähnelt dem der Reptilien, von denen sie entwicklungsgeschichtlich abstammen. Die Fähigkeit, auf den Hinterbeinen aufrecht zu gehen, hat sich schon bei den Vorfahren der Vögel entwickelt. Die vorderen Gliedmaßen bildeten sich zu Flügeln um, so daß Vögel zwei völlig unabhängige Formen der Fortbewegung entwickelten, Vorder- und Hintergliedmaßen eine Arbeitsteilung zeigen, nämlich Laufen und Fliegen.

Haut und Hautanhanggebilde

Die Vogelhaut enthält, abgesehen von der Bürzeldrüse und einigen wenigen drüsigen Zellen an den Ohrgängen einiger Hühnervögel keine Drüsen. Aufgrund des Fehlens von Schweißdrüsen gleicht das Geflügel bei größerer Hitze im Sommer die Temperatur durch Hecheln mit weit geöffnetem Schnabel aus.

Zu unterscheiden ist die Oberhaut, die Lederhaut und die Unterhaut. Während der Brutzeit bildet sich die Lederhaut an bestimmten Stellen der Brust durch Verdickungen und starke Gefäßversorgung zum sogenannten Blutfleck um, so daß die Wärme unmittelbar zu den Eiern gelangen kann. Dieser Vorgang wird hormonell gesteuert.

Das Federkleid ist eine dauerhafte, schützende, wasserabstoßende Bedeckung, ein Anhanggebilde der Haut, das die denkbar günstigste Wärmeisolierung bietet. Die Entwicklung der Erstlingsdaunen beginnt schon während der Embryonalentwicklung. Bis kurz vor dem Schlupf sind diese von Federscheiden umschlossen, die durch Reibung und Schütteln nach dem Schlupf langsam abfallen (Kükenstaub).

Die Mauser

Mindestens einmal jährlich, meist im Herbst oder Winter, mausert das Huhn. Gänse mausern im Sommer und manche Enten (z. B. Pekingenten) alle 8-10 Wochen. Bei den Graugänsen fällt die Zeit der Mauser sinnvollerweise in die Phase der Gösselaufzucht. Die Gänse sind dann eine zeitlang regelrecht flugunfähig und erst wenn die Gössel anfangen, flügge zu werden und ihre ersten Flugversuche machen, wachsen auch die Flügel der Elterntiere wieder nach und sie können wieder fliegen.

Während der Mauser werden die alten Federn durch neue ersetzt. Der Vorgang der Mauser wird durch Hormone der Schilddrüse gesteuert und bringt gleichzeitig eine Verlangsamung der Tätigkeit der Fortpflanzungsorgane mit sich. Die Hühner hören also auf zu legen, die Fortpflanzungsorgane und auch die äußeren Geschlechtsmerkmale (z. B. Kamm) bilden sich zurück.

In der Regel erfolgt der Federwechsel stufenweise in einer bestimmten Reihenfolge, wobei ein gewisses Verhältnis zwischen Federverlust und Federersatz eingehalten wird. Zeit und Dauer der Mauser sind jedoch großen individuellen Schwankungen unterworfen. Manche Tiere mausern schnell und fast unbemerkt, während andere wiederum durch einen fast plötzlichen Ausfall ihres Federkleides auffallen, an einigen Stellen sogar fast nackt sind und bei ungünstiger Witterung nicht mehr über einen ausreichenden Winterschutz verfügen. Zudem besteht auch ein Zusammenhang bei den Hühnern zwischen Legeleistung und Dauer der Mauser: die schlechtesten Legerinnen benötigen sehr lange für die Mauser und gute Legehühner mausern kaum merklich und relativ spät im Herbst und sind auch sehr schnell damit fertig.

Die Zeit der Mauser stellt für das Geflügel eine erhebliche Belastung dar, denn für die Federneubildung werden enorme Mengen an Blut benötigt. Ist die Fütterung während dieser Zeit nicht ausreichend, so können die Tiere stark geschwächt werden. Das Huhn beispielsweise benötigt die Phase der Mauser auch zu einer Regeneration, einer Erholung des gesamten Körpers.

Erwähnt sei an dieser Stelle noch das Phänomen der ,,Halsmauser", einem unvollständigen Federwechsel, der sich nur auf die Halspartie erstreckt. Die Legetätigkeit wird hierbei nur für kurze Zeit unterbrochen. Diese Erscheinung tritt bei Junghennen auf, die infolge einer zu eiweißreichen Fütterung vor Vollendung des Körperwachstums mit dem Eierlegen begonnen haben. Junghennen dürfen also nicht soviel Eiweiß im Futter haben, um ein Treiben zu verhindern. Zu frühes Legen führt dazu, daß im Endeffekt keine gute Legehenne aus dem Tier wird. Vielmehr werden diese Hennen immer zu kleine Eier legen und zu oft pausieren wollen.

Die Fortpflanzungsorgane

Die männlichen Geschlechtsorgane bestehen aus den paarig angelegten Hoden und den zur Kloake führenden Samenleitern. Ente und Gans verfügen über einen spiralförmigen Penis, der in einer Hautfalte in der Kloake liegt und während der Begattung ca. 7-9 cm lang ist.

Die weiblichen Geschlechtsorgane bestehen aus einem linken Eierstock, in dem auch das Ei entsteht. Beim Hausgeflügel sind die weiblichen Geschlechtsorgane nur linksseitig ausgebildet. Der rechte Eierstock ist zwar im Ansatz vorhanden, jedoch schon sehr früh zurückgebildet.

Die Entstehung eines Eis

Am Beispiel des Huhns möchte ich kurz die Entstehung des Eies beschreiben. Im linken Eierstock des Kükens sind schon bevor es eine Junghenne wird eine große Anzahl kleiner Eier vorhanden. Wenn das Huhn mit dem Eierlegen beginnt entwickeln sich unter hormonellen Einflüssen die Eifollikel, die wie Bläschen erscheinen, zu dotterreichen Follikeln. Der reife Dotter sitzt in einer Follikelhaut, die platzt und das Ei gelangt in den Eileitertrichter. Hier kommt es auch gegebenenfalls zur Befruchtung.

Die befruchtete Zelle bleibt etwa 20 Minuten im Eitrichter und gelangt dann in den Hauptteil des Eileiters. Schichtweise wird die Dotterkugel nun mit Eiweiß umgeben.

Etwa 2-3 Stunden bleibt die Eizelle in diesem Teil (Magnum), geht dann weiter in die sogenannte Eileiterenge, wo sie dann von einer weiteren Eiweißschicht umhüllt wird. Zwischen diesen beiden Schichten bildet sich eine Luftkammer, die sich mit dem Alter des Eies vergrößert. Ca. 1 1/2 Stunden ist das Ei in der Eileiterenge (Isthmus), um dann in die Kalkkammer (Uterus, Schalendrüse) zu wandern, wo sich innerhalb von etwa 20 Stunden die Kalkschale entwickelt. Das Ei ist nun zum Legen bereit. Dann rutscht es in die Scheide, wo die Schalenüberhaut, die Kutikula, gebildet wird. Diese Haut verschließt nun die Poren der Kalkschale und verhindert damit ein Eindringen von Bakterien in das Eiinnere. Zum Legen wird die Scheide durch die Kloake nach außen gestülpt.

Es dauert also insgesamt 24 Stunden, bis aus der Dotterkugel ein gelegtes Ei entstanden ist. Und wie schnell hat der Mensch so ein Ei verschlungen, ohne auch nur einen Gedanken daran zu verwenden, wie es entstanden ist.

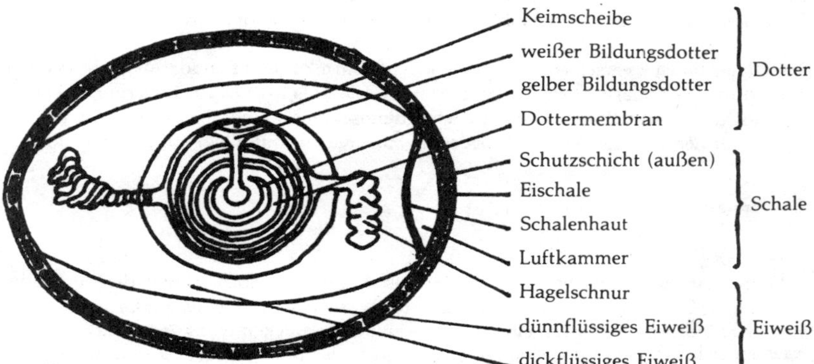

Aufbau eines Hühnereis

Die Verdauungsorgane

Auffällig beim Geflügel ist das Fehlen der Zähne zum Zerkleinern der Nahrung. Zerkleinert wird das Futter im Muskelmagen mit Hilfe der kleinen Steinchen und des scharfen Sandes, auch Grit genannt. Im Hühnermagen sind davon 4-18 g, im Entenmagen 10 g und im Gänsemagen sogar 30 g zu finden. Deshalb darf Grit niemals im Auslauf oder Stall fehlen, es muß zur beliebigen Aufnahme bereitstehen.

Statt auf den Geschmack bei der Begutachtung von Futter verläßt sich das Geflügel da lieber auf seinen Tastsinn. So wurde festgestellt, daß Roggen, sonst verschmäht, als Schrot in Form eines Weizenkornes gepreßt gern von Hühnern verspeist wurde, umgekehrt aber der beliebte Weizen als Schrot in ein Roggenkorn gepreßt von den Hühnern nicht so gern gefressen wurde. Die Anzahl vorhandener Geschmacksknospen unter der Zunge und in der Schleimhaut des Rachenraumes ist auch sehr gering. Bei der Futterwahl und Bewertung des Futters stehen also taktile und optische Sinneseindrücke eindeutig im Vordergrund. Bei den Enten und Gänsen ist das Geschmacksvermögen etwas stärker ausgeprägt. Bei Gänsen wird das besonders an der Bevorzugung einzelner Gräser deutlich. Extreme Geschmacksrichtungen wie bitter, salzig, sauer usw. werden in der Regel von allen Arten als unangenehm abgelehnt. Die Gänse hingegen bevorzugen leicht gesalzenes Futter, wenn sie zwischen ungesalzen und leicht gesalzen wählen können.

Da von den Speicheldrüsen keine Verdauungsfermente abgesondert werden, gelangt das Futter fast unverändert in den Kropf, einer Art Säckchen oder auch Aussackung in der Speiseröhre. Der Kropf als ein Vorratsbehälter für Futter ist beim Huhn am größten, beim Wassergeflügel nicht so groß und bei der Pute relativ klein. Da Puten nicht soviel Futter speichern können, sind sie dauernd am Fressen, müssen noch häufiger kleine Mahlzeiten zu sich nehmen als Hühner.

Im Kropf wird die Nahrung gespeichert, wenn der Magen voll ist. Bis wieder etwas Platz im Magen ist, wird das Futter dort eingeweicht. Sobald nämlich der Darm wieder Futter aufnehmen kann, ist auch Platz im Magen und vom Kropf wird eine Portion freigegeben.

Geflügel bildet 2 verschiedene Arten von Kot: Darmkot und Blinddarmkot. Dabei wird der Kot der Blinddarme getrennt abgesetzt. Auf jeweils 8-10 Darmentleerungen kommt eine aus den beiden Blinddärmen, die eher dünnschmierig und übelriechend ist.

Die Darmenden münden wie Harnleiter, Samenleiter und Eileiter alle in die Kloake.

Die Sinnesorgane

Das Auge

Grundsätzlich gelten alle Geflügelarten als Augentiere, doch stimmt dies nicht ausschließlich. Gans und Ente und auch die Pute als Steppentier müssen auf Grund ihrer besonderen Lebensbedingungen ein großes Gelände überblicken und können das auch. Sie scheuen sich, unbekanntes Land zu durchqueren, das links und rechts von Büschen begrenzt ist. Das Huhn dagegen, ursprünglich Gebüschbewohner, ist nicht so sehr auf diese

Fähigkeit angewiesen. Im Dickicht ist das Gehör viel wichtiger. Bei Hühnern ist daher das Hörvermögen viel besser ausgeprägt als das Sehvermögen. Hühner sind auf Nahsehen eingerichtet. Alles, was weiter als 50 m entfernt ist, wird vom Huhn nicht mehr wahrgenommen.

Räumlich sehen kann Geflügel nur innerhalb eines kleinen Feldes, da die Augen seitlich am Kopf sind. So muß das Huhn seinen Kopf 4 cm vom Futter wegnehmen, um es auch wirklich treffsicher aufzupicken.

Gehör

Das Hörvermögen des Geflügels ist sehr gut entwickelt. Dabei hat die Gans das bestentwickelte Gehör. Aber auch Hühner können sehr gut hören. Schon Küken hören auf 15 m Entfernung das Glucken ihrer Bruthenne aus anderen Geräuschen heraus. Die Hörfähigkeit ist schließlich eine lebensnotwendige Fähigkeit, um Gefahren rechtzeitig erkennen zu können und natürlich auch zur gegenseitigen Verständigung.

Geruchssinn

Das Riechvermögen der Vögel ist sehr begrenzt. Die Annahme, daß Muttertiere ihre Kleinen am Geruch erkennen können, ist nicht haltbar. Hier ist die lautliche Verständigung ausschlaggebend. Der Geruchssinn hat nur eine geringe Bedeutung für Geflügel. Hühner gelten als völlig geruchsunempfindlich, so daß es nicht verwunderlich ist, wenn sie ihren Durst aus der Tonne mit der Brennesseljauche stillen wollen.

Man nimmt an, daß das Riechvermögen bei den Enten noch am stärksten ausgeprägt ist.

Tastsinn

Die taktile Wahrnehmung ist, insbesondere für die Futterwahl, sehr bedeutsam. Schnabelhöhle, Zunge und Rachen sind mit Tastkörperchen bedeckt, die Wahrnehmungen über Form, Größe und Oberflächenbeschaffenheit vermitteln können.

Geschmack

Bei der Wahl des Futters spielt der Geschmackssinn eine eher untergeordnete Rolle. Die Bevorzugung einiger Körnerarten beruht auf besonderen Tasterlebnissen und optischen Eindrücken. Zumindest bei Hühnern geht es beim Fressen also nicht um gewisse Geschmackserlebnisse, sondern vielmehr um leicht und angenehm verzehrbares Futter in geeigneter Größe.

Gänse haben etwas ausgeprägtere Geschmacksnerven als die anderen Geflügelarten, sie bevorzugen z. B. bestimmte Gräser und lehnen andere ab.

Weniger gute Geschmacksnerven haben Ente und Pute, während dem Huhn jeder Geschmacksinn fehlt.

Der Nutzwert des Geflügels

Wenn es um Geflügelhaltung geht, denken viele zunächst an die damit verbundene Arbeit, die Verpflichtungen, Mühen und den eklig schmierigen und stinkenden Hühnerdreck.

Selten hat mir mal jemand gesagt: „Oh, das ist ja schön, dann hast Du ja immer ganz frische Eier, noch warm aus dem Nest in den Kochtopf!" Und um den Hühnermist, der unseren Tomaten immer so gut getan hat, wurde ich auch noch nicht beneidet. Heute, in einer Zeit, in der fast alles käuflich zu erwerben ist und das Suppenhuhn im Supermarkt für 2,- bis 3,- DM verramscht wird, gelten die Produkte der Geflügelhaltung nicht mehr viel. Die damit verbundene Mühe erscheint unrentabel, eben etwas für Liebhaber. Und die Vertreter der Intensivhaltung werden sicher darüber lachen, daß es in diesem Buch ein Kapitel über den Nutzwert gibt.

Eingangs erwähnt habe ich schon den ideellen Nutzwert der Geflügelhaltung, die Lebensfreude der Tiere, ihre Verflochtenheit mit der Natur.

Doch daneben soll auch der materielle Nutzwert nicht unterschätzt werden. Die Erträge durch Eier, Fleisch, Federn und Mist können die Haltung des Federviehs durchaus rentabel machen, auch wenn große Gewinne sicherlich nicht zu erwarten sind.

Eier

Obgleich die Eier der verschiedenen Geflügelarten alle für den Verzehr geeignet sind, wird wohl selten jemand auf die Idee kommen, ein weichgekochtes Gänseei zum Frühstück zu verzehren. Bekanntlich werden nur die Eier von Hühnern gegessen. Seitdem nämlich bekannt geworden ist, daß Enteneier manchmal Salmonellen enthalten können und sie nur noch mit dem Hinweis „Entenei, 8 Minuten kochen" und in der DDR zum Beispiel gar nicht mehr verkauft werden dürfen, ist der einst hohe Verzehr an Enteneiern stark zurückgegangen. Enteneier werden heute in der Mehrzahl nur noch für Brutzwecke benutzt und die hohe Legeleistung (zum Teil höher als die mancher Hennen) einiger Entenrassen hat an Bedeutung verloren.

Nur in Landhaushalten mit Enten- oder Gänsehaltung ist es auch heute noch üblich, Enten- und Gänseeier zum Backen zu verwenden. Je nach Größe können 3 Hühnereier durch 1 Gänseei oder 2 Hühnereier durch 1 Entenei ersetzt werden.

Der Nährwert des Eies ist hoch und je frischer das Ei ist, umso besser ist auch sein Geschmack. Nun behaupten manche Kenner, daß ein Ei ganz frisch aus dem Hühnerkörper nicht schmecken würde. Ich meine, daß gerade diese frischen Eier mit einer besonderen Konsistenz des Eiweißes der höchste Genuß sind. Und vielleicht ist dann auch die Zugehörigkeit zu einer Gewichtsklasse nicht so bedeutsam. Die Qualität ei-

 Ute Rhein

nes Eies sollte nicht in erster Linie nach der Größe (je größer — je teurer) bestimmt werden, sondern vielmehr nach Aspekten der Frische und sicher auch danach, aus welcher Haltungsform es stammt. Junghennen legen kleinere Eier als Althennen und manche Rassen unterscheiden sich auch durch die Größe der Eier voneinander. Stehen nun aber äußerliche Merkmale bei den Qualitätsanforderungen im Mittelpunkt, so sind auch Kalkauflagerungen, Blutflecke oder Doppeldotter eine Qualitätsminderung.

Blutflecken oder Blutgerinsel sind bei gekauften Eiern nicht zu finden, da diese vor dem Verkauf daraufhin durchleuchtet und aussortiert werden. Doch Eier mit Blutflecken oder Blutgerinseln sind in keiner Weise schlecht oder ungenießbar. Nur zur Brut sollten sie nicht mehr verwendet werden. Blutflecken entstehen während einer bestimmten Phase der Eientwicklung im Eileiter, wenn gerade ein Äderchen platzt.

Doppeldotter können ebenfalls gut verzehrt werden. Die Neigung, Doppeldottereier zu legen, scheint erblich zu sein.

Ursachen für eine Qualitätsminderung von Eiern können sein:

— Unsauberes Nestmaterial: Sichtbare und unsichtbare Verschmutzung der Eier, z. B. durch Keime

— Verkotete Eier: Verkotete Eier sind nicht Kennzeichen artgerechter Haltung! Sie können Krankheitskeime enthalten.

— Angebrütete Eier: Wird das tägliche Einsammeln der Eier versäumt, kann bereits nach 3 Tagen die Keimentwicklung so weit fortgeschritten sein, daß das Ei ungenießbar ist.

— Unzureichende Lagerung: Eier müssen in gut gelüfteten Räumen lagern, da sie auf Grund ihrer porösen Schale sehr empfindlich sind, speziell auch für Gerüche.

Verschmutzte Eier sollten nicht gewaschen werden, da dadurch die Schutzschicht auf der Kalkschale zerstört und das Eindringen von Keimen in das Eiinnere ermöglicht wird, was die Haltbarkeit noch weiter herabsetzt.

Das Schlachten

Für viele mag es einige Überwindung kosten, ans Schlachten zu denken, oder gar selbst zur Tat zur schreiten.

Doch wird, wer Geflügel hält und auch Jungtiere aufzieht, auf die Dauer nicht ums Schlachten herum kommen.

Sehr nützlich ist es wohl, wenn jemand zur Verfügung steht, der anfangs beim Schlachten hilft. Eine liebe Nachbarin hat meine ersten Enten mit mir geschlachtet. Gerade das erste Mal ist es sehr wichtig und hilfreich, wenn jemand mit ein wenig Erfahrung helfen kann.

In der älteren Literatur zur Haltung von Geflügel fehlen nie Beschreibungen über das Schlachten des Geflügels. Schließlich hielt man die Tiere in erster Linie der Eier und des Fleisches wegen. Der Verkauf der Produkte war stets ein kleiner Nebenerwerb. Daher sollten die zu verkaufenden Schlachttiere appetitlich aussehen und nicht etwa durch zu viele dunke Federn, Stoppeln auf dem hellen Körper oder blaue Flecken ent-

stellt sein.
Das Tier wurde mit einem kräftigen Schlag auf den Kopf betäubt. Da der Kopf aus Verkaufsgründen nicht abgetrennt werden sollte, wurde mit Hilfe eines zweischneidigen Messers die große Schlagader durchtrennt. Das Messer wurde durch das Ohr oder durch den Schnabel eingeführt, das geschlachtete Tier blutete aus.

Die einfachste Methode — den Kopf schnell abzuhauen — gilt und galt auch damals als unfachmännisch.

Vorgehensweise beim Schlachten

— 1-2 Tage vor dem geplanten Schlachttag sollten Enten und Gänse auf jeden Fall eine neue trockene Einstreu erhalten und mindestens zweimal baden, damit die Federn so sauber wie möglich sind.

— Das letzte Futter gibt es möglichst 24 Stunden vor dem Schlachten, danach nur noch Wasser. Die Haltbarkeit des Fleisches wird so erhöht und eine Verwendung des Darmfettes setzt voraus, daß die Därme weitgehend leer sind. Die Entfernung eines vollen Kropfes ist auch recht mühsam und läßt man ihn voll, fängt der Inhalt sehr schnell zu säuern an.

— Ganz früh morgens, wenn noch alle Tiere im möglichst dunklen Stall sind, sollte mit dem Schlachten begonnen werden. Für die Tiere scheint es am besten, wenn sich bis dahin nicht viel geändert hat, sie dann ganz überraschend an den Füßen gegriffen und hinausgetragen werden.

— Das gefangene Tier soll so getragen werden, daß der Kopf unter der Jacke steckt, so daß es nichts sehen kann. Das Verstecken des Kopfes in der Dunkelheit (z. B. unter der Jacke) scheint beruhigend zu sein.

— Große Aufregung, wie eine abenteuerliche Hetzjagd durch den Garten sind insbesondere vor dem Schlachten als tierquälerisch abzulehnen und es ist möglich, daß das Tier darauf mit „Nichtausbluten" reagiert, da die gesamte Muskulatur durch die erlebte Aufregung angespannt ist. Solche Tiere lassen sich übrigens auch sehr viel schwerer rupfen.

— Vor dem Schlachten muß das Tier durch einen Schlag auf den Kopf oder indem der Kopf auf den Schlachtbock oder etwas ähnliches gehauen wird betäubt werden. Die Beine und Flügel müssen gut festgehalten werden. Achtung: Das Tier soll nur betäubt, nicht erschlagen werden! Erschlagene Tiere bluten manchmal nicht aus.

— Nun ganz schnell mit scharfem Beil den Kopf abschlagen, ausbluten lassen. Fleisch nicht ausgebluteter Tiere ist von minderer Qualität und kürzer haltbar, da das Blut in den Gefäßen bester Nährboden für die Entwicklung aller möglichen Keime und Krankheitsträger sein kann.

— Das Blut gesunder Tiere kann ohne weiteres dem Weichfutter als wertvoller Eiweißträger zugesetzt werden.

— Die Schlachtwunde am Hals wird mit einem alten Leinentuch zugebunden, damit beim Rupfen das Gefieder nicht dadurch beschmutzt wird.

— Soll trocken gerupft werden, muß sogleich mit dem Rupfen begonnen werden, da die Federn beim Erstarren nur sehr schlecht herausgehen.

Es gibt mehrere Möglichkeiten, Geflügel zu rupfen:

1. *Trockenrupfen* des noch warmen Tieres ist recht mühsam und wurde von den Frauen früher — vielleicht bei einem guten Tropfen — zusammen in bunter Runde gemacht. Enten müssen eigentlich grundsätzlich trocken gerupft werden, sollen Federn und Daunen aufbewahrt werden.

2. *Naßrupfen.* Dazu wird das Tier mit heißem Wasser überbrüht oder max. 1 Minute in Wasser (60-70° C) getaucht. Die Federn gehen dann sehr leicht heraus.

Für den Verkauf sind so gerupfte Tiere nicht geeignet, da die Beschaffenheit der Haut unter diesem Verfahren leidet. Insbesondere kann es bei zu heißem Wasser sehr leicht zu Verbrühungen und Verbrennungen der empfindlichen Haut junger Tiere kommen.

3. *Dämpfen* ist ein Zwischending und auf unterschiedliche Art möglich. Das Tier wird auf einem Rost in einen großen alten Kessel oder Bottich gelegt, aus dem von unten heißer Wasserdampf hochsteigt. Oder die zu rupfenden Stellen werden vorher gebügelt (feuchten Leinenlappen darunter legen). Beides erleichter das Rupfen von Enten und Gänsen ungemein.

Beim Rupfen empfiehlt sich das Einhalten einer bestimmten Reihenfolge. Zuerst werden die Schwanz- und großen Flügelfedern mit einem Ruck entfernt. Dann folgen Brust-, Rücken-, Flügel-, Hals- und Beinfedern. Zuerst sollte nur relativ grob gerupft und später die Feinarbeiten gemacht werden.

Die Technik des Rupfens ist eigentlich am besten in der Praxis zu vermitteln. Wenig Federn werden in kleinen Bündeln zusammengefaßt und mit kurzem Ruck in Federrichtung, nicht gegen den Strich entfernt. Mit der anderen Hand wird die Haut straff gespannt, was einem Einreißen entgegenwirken kann.

Das Rupfen von Puten geht etwas schwerer, doch dafür reißt ihre Haut auch nicht so schnell ein wie bei anderem Geflügel. Je jünger das Tier ist, desto empfindlicher ist auch die Haut und umso leichter kann sie reißen. Tiere, die sich vor dem Schlachten sehr aufregen, sind oft schwer zu rupfen, da ihr Körper verspannt ist.

Nachdem das Tier gerupft ist, kann es abgesengt werden, bei den Enten und Gänsen die Daunen, bei Huhn und Pute die zarten Haare.

Und nun muß ausgenommen werden. Das Tier wird hierzu auf den Rücken gelegt und mit einem kleinen Einschnitt oberhalb der Kloake wird die Leibeshöhle vorsichtig geöffnet. Der Schnitt darf nicht so tief sein, daß der Darm verletzt wird. Dann kann bis zum Brustbein aufgeschnitten und der Darm vorsichtig, ohne daß er reißt, herausgezogen werden. Die Kloake sollte am besten gleich mit weggeschnitten werden.

Nun mit der Hand tief in den Körper und mit einem Griff Herz, Leber und Magen entfernen. Noch besser wäre es, wenn gleich zu Anfang mit der Hand bis zum Herz gefaßt wird und alle Eingeweide zusammenhängend und vor allem nicht zerrissen auf einmal entfernt werden. Das klappt aber nicht immer so gut, vor allem nicht zu Anfang, wenn das Gefühl für den Geflügelkörper noch nicht da ist.

Abschließend kann noch die Lunge entfernt werden. Und nun Luft- und Speiseröhre, entweder mit Hilfe eines kleinen Einschnittes am Hals oder indem die Haut am Hals (an der Schlachtwunde) zurückgestreift wird und dann die Röhren gezogen werden. Achtung: Der Kropf sollte dabei nicht zerreißen!

Der Magen wird soweit an der schmalen Seite aufgeschnitten, daß der Inhalt, nämlich Steinchen und Sand, sowie die gelbliche Haut, die Reibeplatte, die den Muskelmagen auskleidet, leicht abgezogen werden können. Die Galle muß fein säuberlich von der Leber abgetrennt werden, ohne sie dabei zu verletzen. Das umliegende Gewebe wird — soweit es grünlich gefärbt ist — ebenfalls entfernt.

Bei den Puten müssen 6 scharfe, kantige Sehnen, die von der Fußsohle bis zum Hackengelenk reichen, gezogen werden, da die Keule sonst ungenießbar ist. Dazu muß der Lauf vom Fußballen bis zur Hacke aufgeschnitten und die 6 Sehnen, die jetzt einzeln herausgezogen werden können, freigelegt werden. (Achtung: Nicht mit der bloßen Hand, da sie scharf sind und leicht Verletzungen auftreten können!) Falls die Sehnen beim Herausziehen reißen sollten, muß eine Zange zu Hilfe genommen werden.

Werden die Läufe abgeschnitten, dann muß ca. 1 cm des Laufes am Gelenk bleiben, damit sich das Fleisch beim Braten nicht zurückschiebt.

Nach einer gründlichen Reinigung mit Wasser wird das fertige Tier — innen und außen etwas trockengetupft — mit den Füßen nach unten zeigend aufgehängt, da so eventuelle Flüssigkeit aus der größten Öffnung gut abtropfen kann. Bei 10-15° C sollten Puten und Gänse ca. 3-4 Tage, Enten und Hühner ca. 2 Tage abhängen. Das Hängen wirkt sich günstig auf die Fleischqualität aus. Dabei setzen bestimmte Prozesse ein, die dazu beitragen, daß es zart wird.

Nachdem das Tier ausreichend abgehangen ist, ist es küchenfertig.

Alle Geräte, Tischplatten und Schalen, die mit Schlachtgeflügel in Berührung gekommen sind, müssen sorgfältig abgespült werden. Und auch während des Schlachtens sollte immer auf Sauberkeit geachtet werden, wenn zwischendurch andere Dinge erledigt werden. Denn auch noch so gesund und kräftig erscheinenden Tiere können doch Keime am oder im Körper haben, die schädlich sein können.

Federn

Enten- und Gänsedaunen sind wohl allgemein bekannt als Füllmaterial für Kopfkissen und Bettdecken. Es gibt verschiedene Arten von Federn, die auch für unterschiedliche Zwecke besser oder weniger gut geeignet sind. Für den Federhandel sind die Bezeichnungen in genauen Bestimmungen festgelegt: Reine Daunen, Daunen, fedrige Daunen, Dreivierteldaunen, Halbdaunen, daunenhaltige Federn.

Es scheint angebracht, schon während des Rupfens verschiedene Behälter für die verschiedenen Arten von Federn bereitzustellen. Getrennt werden:

1. *Daunen und Halbdaunen* (Halbdaunen sind auch noch die, deren nicht zu fester Kiel nicht länger als 10 cm lang ist);

2. *Konturfedern* (Schwanz- und Flügelfedern);

3. *Beschmutzte Federn*, auch Federn, die noch unreif sind, also einen blutigen Kiel haben oder mit Fett und Fleichteilchen behaftet sind. Diese Federn kommen in den Komposteimer, da sie leicht die übrigen Daunen und Halbdaunen verderben können. Insbesondere unreife und fleischbehaftete Federn faulen leicht.

Daunen und Halbdaunen werden in einem luftdurchlässigen Leinenbeutel ein Jahr an einem luftigen, trockenen Ort aufgehängt und hin und wieder bewegt. Erst wenn sie gut trocken sind, können sie für eine Kissenfüllung verwendet werden.

Am besten ist es, sich an ein Bettenfachgeschäft zu wenden. Dort können die Daunen und Halbdaunen wahrscheinlich auch gereinigt werden.

Die Federverarbeitung ist inzwischen zu einem hochtechnisierten Spezialgebiet geworden. Längst ist nicht das Sortieren die wichtigste Tätigkeit dabei, sondern die Verfahren der Säuberung, die die Qualität der Federn noch verbessern sollen.

Wer die Federn in ein Geschäft zum Säubern bringen möchte, sollte sich vorher erkundigen, welche Zusätze den gereinigten Federn als Insektenschutz beigemengt werden und eventuell darum bitten, darauf zu verzichten. Nicht selten werden nämlich gefährliche Kontaktgifte zugesetzt, die einem dann leicht das Vergnügen am Kopfkissen verderben können.

Konturfedern wurden früher an langen Winterabenden von den Frauen geschlissen (Federschliss), die seitlichen Fahnenteile wurden in mehreren Stücken vom Kiel abgerissen und dann zu einem gewissen Prozentsatz der Daunendecke zugesetzt oder auch für Sofakissen benutzt. Ich kenne niemanden, der heute noch Lust zu dieser Arbeit hätte. Also auf den Kompost damit. Die größeren Schwanzfedern eignen sich gut zum Indianerspielen oder können auch als Schreibfeder verwendet werden. Besonders von grauen Tieren sind sie einfach zu schön zum Wegwerfen.

Für die Federn von Puten und Hühnern wußte ich auch bisher keine Verwendung und habe sie dem Kompost zugesetzt. Kinder sind da sicherlich anders und haben bestimmt eine Idee, was aus Hühnerfedern gemacht werden kann.

Federanfall der verschiedenen Geflügelarten

Federanfall beim Schlachten	Huhn g	Ente g	Pute g	Gans g
Flügel- und Schwanzfedern	20	25	75	150
Körperfedern	80	—	100	—
Deckfedern	—	100	—	140
Daunen	—	—	—	50
Gesamtmenge	**100**	**125**	**175**	**340**

Geflügelmist

Bei der Geflügelhaltung fallen beträchtliche Mengen an Mist an, die man dem Garten zu Gute kommen lassen kann. Auch wenn sehr viel im Auslauf bleibt, so ist immer noch der Nachtkot im Stall je nach Haltung mit oder ohne Einstreu.

Jährlicher Kotanfall des Geflügels

Huhn:	8 kg
Pute:	11 kg
Ente:	10 kg
Gans:	12 kg

Der Dung kann nicht ohne weiteres direkt auf den Gartenboden aufgebracht werden. Besser ist es, ihn zu verkompostieren, eine vergorene Jauche herzustellen, oder ihn zumindest eine Weile zu lagern. In richtig gelagertem Mist entwickeln sich Temperaturen von 65-70° C, so daß Wurmeier und Krankheitserreger zerstört werden. Der Misthaufen muß öfter umgeschaufelt werden, damit nicht nur der innere Teil erhitzt wird.

Vergorene Jauche

1/3 Kot mit 2/3 Regenwasser in einem Gefäß ansetzen und abdecken. Hin und wieder umrühren. Nach 8 Wochen ist die Jauche fertig und kann mit 8-10 Teilen Regenwasser verdünnt verwendet werden.

Kompostierung

Hierbei wird der Stickstoff in Ammoniak verwandelt, das von den Pflanzen besser aufgenommen werden kann. Aber auch die anderen Bestandteile des Mistes werden im Komposthaufen leichter lösbar. Der Nachteil ist, daß es 3 Jahre dauert, bis dieser Kompost verrottet ist und im Garten eingebracht werden kann.

Nährstoffgehalt des Kots einzelner Geflügelarten im Vergleich zu Rinderkot (Quelle: Marks/Krebs)

Tierart	Pflanzennährstoffe in Prozent			
	Stickstoff	Kali	Phophor	Kalk
Huhn	1,65	0,85	1,55	2,40
Gans	0,55	0,95	0,55	0,85
Ente	1,00	0,60	1,40	1,70
Rind	0,50	0,60	0,20	0,45

Kann sich Geflügelhaltung im kleinen Rahmen rentieren?

Vielleicht werden sich einige darüber wundern, daß Fragen der Rentabilität hier überhaupt angesprochen werden sollen, geht es bei der Mehrzahl der Leser wohl in erster Linie um die Deckung des Eigenbedarfs, um Geflügelhaltung als Teil der Selbstversorgung. Und außerdem gilt es als bekannt, daß die sogenannte bäuerliche Auslaufhaltung heute völlig unrentabel und damit auch undiskutabel ist. Zum Glück ist der Begriff ,,Rentabilität" relativ und jeder versteht etwas anderes darunter. Wenn ich über den Verkauf von Eiern und ein paar geschlachteten Tieren alle anfallenden Kosten bezahlen kann und somit meine Eier und mein Fleisch umsonst habe und sogar noch 300,- DM Überschuß am Ende des Jahres in der Kasse habe, bin ich schon sehr zufrieden.

Fürsprecher der Intensivhaltung weisen darauf hin, daß Betriebe mit weniger als 5 000-10 000 Hennen indiskutabel seien. So werden dann auch Fragen und Ergebnisse zu Ertrag und Kosten der Intensivhaltungsbetriebe recht häufig veröffentlicht und in der Fachpresse diskutiert, während ähnliche Berechnungen für die artgerechte Auslaufhaltung fehlen. Lediglich aus der Schweiz kam eine sehr interessante Untersuchung im Bereich der bäuerlichen Auslaufhaltung von Hühnern (Brunner und Fölsch).

Um die finanzielle Rentabilität der Geflügelhaltung zu verbessern, ist es nötig, auch einen Teil der Produkte zu verkaufen.

Wer im Frühjahr und Sommer eine große Kükenherde von ein paar brutlustigen Hennen hatte, vielleicht auch ein Enten- und/oder Gänsepaar, das sich gut vermehrt hat, wird sich vor das Problem gestellt sehen, schlachten zu müssen und die Hähne, Enten, oder Weihnachtsgänse einzufrieren oder zu verkaufen. Das Gesetz erlaubt den Verkauf im kleinen Rahmen bisher noch. Für den Markt ist schon eine Genehmigung erforderlich. Eier sind leicht zu verkaufen. Im Bekanntenkreis oder der Nachbarschaft können immer genügend Abnehmer gefunden werden. Etwas schwieriger ist es mit dem Fleisch. Da es nicht gerechtfertigt ist, sich an den handelsüblichen Billigpreisen für Geflügel zu orientieren, ist der Verkauf auch etwas schwieriger. Eine Anlehnung an den Fleischpreisen des biologisch-dynamischen Landbaus scheint durchaus gerechtfertigt. Und selbst dabei muß auf einen angemessenen Arbeitslohn für die Mühe bei der Aufzucht, das tägliche Füttern, Misten, das Rupfen, Schlachten und Ausnehmen verzichtet werden.

Preisvorschläge für den Verkauf von Schlachtgeflügel aus artgerechter Haltung (ungemästet) — bratfertig (geschlachtet, gerupft, ausgenommen)

Suppenhuhn	4,- DM /kg
Bratgockel (bis 8. Lebensmonat)	10,- bis 12,- DM/kg
Warzenente (mager) (Flugente)	14,- bis 16,- DM/kg
Pekingente (fetter)	10,- bis 12,- DM/kg
Gans	15,- bis 16,- DM/kg

Um zu wissen, ob sich Ausgaben und Einnahmen in der eigenen Geflügelhaltung decken oder vielleicht dazugezahlt werden muß, sollte Buch geführt werden. Das Geflügeljahr beginnt nicht im Januar, sondern schon im Oktober. Und erst nach einem Jahr, wenn alle Ausgaben und eventuelle Einnahmen aufgeschrieben wurden, können Aussagen über die finanzielle Rentabilität gemacht werden.

Ausgaben und Einnahmen sind von vielerlei Bedingungen abhängig, die nie alle berücksichtigt werden können. Vielleicht muß gerade in dem einen Jahr ein neuer Zaun gezogen werden, oder es sind Ausbesserungsarbeiten im Stall notwendig geworden. Vielleicht aber auch nichts von alledem, sondern durch einen glücklichen Zufall gibt es mal ein paar Zentner Futter vom Bauern geschenkt, das für das Großvieh nicht mehr geeignet ist.

Die Bedeutung von Angebot und Nachfrage sollte nicht unterschätzt werden. Ist kein Konsumentenkreis vorhanden, der bereit ist, für Produkte aus artgerechter Haltungform, mehr zu bezahlen als im Supermarkt, sieht es schlecht aus. Doch dieses Interesse steigt zur Zeit stark.

Beispiele für Kostenrechnungen:

Ausgaben für 20 Hühner über das Jahr

20 Junghennen à 12,- DM (bei 2jähriger Haltung 50 %)	120,- DM
8 Zentner Kleinweizen à 22,- DM	176,- DM
4 Zentner Kartoffeln à 4,— DM	16,- DM
2 Zentner Gerste à 22,- DM	44,- DM
1,5 Zentner Mais	63,- DM
1 Zentner Hafer (für Keimgetreide)	25,- DM
1 Zentner Sojaschrot	45,- DM
0,5 Zentner Rüben	3,- DM
0,5 Zentner Muschelkalk	9,- DM
5 Ballen Stroh à 1.- DM	5,- DM
Lohn für das Schroten von einigen Zentnern	10,- DM
Tränke	75,- DM
	591,- DM
Einnahmen aus Eierverkäufen	600,- DM
Plus	**9,- DM**

Die Verkäufe der Eier erklären sich aus einer jährlichen Legeleistung von 150 Eiern, also ca. 3000 Eier im Jahr, von denen eine 3köpfige Familie vielleicht 1000 Eier im Jahr verbraucht. 2000 Eier können also verkauft werden. Werden 30 Pfennig für ein Ei verlangt, so kann der Erlös aus dem Eierverkauf eben 600,- DM betragen und die anfallenden Kosten für die 20 Hühner innerhalb eines Jahres wären gedeckt.

Ausgaben für die Aufzucht von 10 Gösseln

10 Gössel im Alter von 3 Wochen à 9,- DM	90,- DM
Entwurmungsmittel für eine Wurmkur in der 7. Woche	15,- DM
2 Zentner Getreidegemisch	70,- DM
12 Ballen Stroh	10,- DM
	187,- DM
Einnahmen aus dem Verkauf von Schlachtgänsen	500,- DM
Plus	**313,— DM**

Die Einnahmen kommen durch den Verkauf von 7 geschlachteten Gänsen zu Weihnachten zusammen. Die Gänse wogen ausgenommen 4 bis 6 kg und ergaben bei einem Preis von 16,- DM/kg Einnahmen von ca. 500,- DM. Eine Gans war gestorben, eine wurde für den Eigenbedarf benötigt und eine wurde verschenkt

Das Geflügeljahr

Ein Arbeitskalender für den Geflügelhof

	Hühner	Puten	Enten	Gänse
Januar	Wenn alles verschneit ist, können die Hühner ruhig mal ein paar Tage im Stall bleiben. Das Futter erfordert dann größere Aufmerksamkeit. Körner in der Einstreu regen die Scharrlust an und sorgen für Bewegung.	Jetzt werden die Puten auch kaum noch Auslauffutter finden, so daß jetzt ein sorgfältig zusammengestelltes Futter von ca. 200 g benötigen.	Enten legen jetzt meist schon. Die Eier sollten — falls der Stall nicht frostfrei ist — im Haus bei 10-15° C aufbewahrt und täglich um 180° gedreht werden. Legende Tiere erhalten qualitativ hochwertiges Futter und Kalk.	Das Futter sollte jetzt reich an Eiweiß und Mineralien sein (Keimgetreide!). Nicht zu reichlich, da Zuchttiere jetzt nicht fett werden dürfen.
Februar	Bei starkem Frost auf das Wasser achten, friert sehr schnell! Evtl. Eier öfter einsammeln. Keimgetreide füttern! Steinchen und Sand in den Stall stellen. Sandbad nicht vergessen!	Damit sie ihre Eier auch in das Nest, nicht in den Auslauf legen, sollten schon die Legenester hergerichtet werden. Als Unterlage eignet sich Gras.	Die Entenbrut kann schon in vollem Gang sein. Enten sind sehr schreckhaft, verteidigen ihr Gelege bis auf's Letzte. Jegliche Störung vermeiden, da die Eier sonst zerdrückt werden könnten.	Bruteier gegebenenfalls vor Frost schützen. +4° C kann den Keim zerstören. Sie sollten bei +10° C lagern u. regelmässig umgedreht werden. Die Tiere sollen bei jedem Wetter in den Auslauf. Die Ganter werden jetzt bissig
März	Ein reichlicher Eiersegen fällt in diesem Monat an. An einem sonnigen Tag sollte der Stall gründlich gesäubert und anschliessend die Wände gekalkt werden. Sitzstangen heiß abscheuern, Unterseite auf Milben kontrollieren und in der Sonne trocknen lassen. Einstreu in Scharrecke und Nester.	Spätestens Anfang März können Puten noch zur Zwangsbrut gesetzt werden und so Enten- oder Gänseeier ausbrüten. Sobald der Hahn zu treten beginnt, sich die Kehllappen röten und die Pute zu legen beginnt, ist es für diese Möglichkeit zu spät. Stall säubern!	Wenn die Kleinen geschlüpft sind, sollten sie sich an einen Futterplatz gewöhnen, der vor der Entenmutter geschützt ist. Sie können gleich auf das Wasser. Ihr Gefieder wird nicht naß, wenn sie auf natürliche Art gewärmt werden, sich am Gefieder der Glucke reiben können.	Die anfallenden Gänseeier können von Puten- oder Hühnerglucken ausgebrütet werden. Bei Hühnerglucken empfiehlt es sich, zu kontrollieren, ob sie es schaffen, die großen Eier zu wenden. Kurz vor dem errechneten Schlupf und auch zwischendurch mit lauwarmem Wasser besprengen.

Ute Rhein

	Hühner	Puten	Enten	Gänse
April	Brutplätze (getrennt vom Hühnervolk) vorbereiten. Die Küken aus Aprilbruten haben die besten Entwicklungsbedingungen. Glukken vor Brutbeginn auf Parasitenbefall prüfen.	Jetzt legen die Puten und da sie nicht selten im Auslauf einen Platz suchen, muß die Eiablage gut beobachtet werden. Die Mehrzahl der Puten wird jetzt mit der Brut beginnen.	Sobald die Küken 3-4 Wochen alt sind, kann nicht mehr viel passieren. Das Jugendgefieder beginnt zu wachsen. Sie werden immer unternehmungslustiger und ihre Freßlust ist unstillbar.	Die Gans hat ihr Brutnest hergerichtet. Sobald sie 2-3 Tage fest sitzt, können die Bruteier untergelegt werden. Der Ganter bewacht und beschützt sie. Stall säubern!
Mai	Küken aus dem Maischlupf legen frühestens im Januar das 1. Ei. Auch sie haben noch günstige Entwicklungsbedingungen. Auf Kükenkrankheiten achten! Zermuste Zwiebeln, Knoblauch und Möhren 1x wöchentlich zur Vorbeugung.	Die Putenküken machen schon innerhalb der ersten Tage mit der Glucke lange Ausflüge. Führen Puten artfremde Küken, sollte der Auslauf in der ersten Zeit begrenzt werden.	Die ganz frühen Entenküken werden jetzt schon geschlachtet, falls sie nicht zur Zucht geplant sind, oder verkauft werden. Für noch legende Enten immer Muschelkalk oder zerkleinerte, kurz erhitzte Eierschalen bereitstellen.	Es ist schon ein Erlebnis, die Gänsefamilie zu beobachten. Das führende Paar wird höllisch aufpassen und niemanden in die Nähe der Gössel lassen. Falls kein separater Futterplatz für die Gössel da ist, fressen die Alten mit.
Juni	Ende Juni sollten keine Glucken mehr mit der Brut beginnen, da die Entwicklungsbedingungen für die verschiedenen Altersstufen ungünstig sind. Evtl. Glucken können Enten- und Gänseeier ausbrüten.	Bei Putenküken empfiehlt es sich, während der ersten Lebenstage darauf zu achten, ob die Futter- und Wasseraufnahme klappt. Puten sehen schlecht. Wenn die Glucke den Küken Futter nicht zeigt, kann es leicht Probleme geben.	Bei großer Hitze muß im Auslauf für Schatten gesorgt werden. Trink- und Badegelegenheit soll ebenfalls schattig gelegen sein. Das Futter der Zuchtenten kann etwas verringert werden.	Auf die Entwicklung der Gössel achten! Bei Gefahr von Wurmbefall müssen Gössel alle 3 Wochen entwurmt werden. Bei ausreichendem Futterangebot der Weide kann auf Zufutter verzichtet werden.

	Hühner	Puten	Enten	Gänse
Juli	Bei großer Hitze kann die Legefähigkeit etwas zurückgehen. Für ausreichendes Wasser an schattiger Stelle ist immer zu sorgen. Falls möglich, sollten bei den Jungtieren Hähnchen und Hennen getrennt werden.	Puten sind sehr empfindlich gegegenüber Hitze. Für ein schattiges Plätzchen und ausreichend Wasser sollte immer gesorgt sein. Die Küken benötigen spätestens ab der 5. Woche eine Sitzstange zum Schlafen.	Jetzt wird schon bei manchen Enten die 2. Generation geschlüpft sein. Für die Weiterzucht sind sie nicht so geeignet, da Licht- und Weidefutterangebot nicht mehr so günstig für die Entwicklung ist.	Gössel, die jetzt schlüpfen, sollten nicht als Zuchttiere eingeplant werden, da sie nicht mehr die besten Entwicklungsbedingungen haben.
August	Sollen alle Hennen geschlachtet werden, was nach 2-3 Jahren zu empfehlen ist, so ist jetzt vor der Mauser der günstigste Zeitpunkt. Junghennen sollen nicht zu früh auf Stangen schlafen.	Die Schwarzkropfkrankheit tritt von der 3. Woche bis zum 6. Monat auf, wird übertragen von Alttieren. Die Jungtiere müssen daraufhin beobachtet werden.	Wenn keine Gefahr durch Marder oder Fuchs in der Nacht zu befürchten ist, können Enten draußen schlafen. Die Ente gilt als das ,,Schwein" unter dem Geflügel und verwertet zahlreiche Küchenabfälle.	Je nach Qualität der Weide kann auf eine zusätzliche Fütterung verzichtet werden. Ausreichend Wasser und eine kleine Badegelegenheit bereitstellen.
September	Der Rückgang der Legeleistung ist deutlich spürbar. Gerade während der Mauser benötigen die Hennen ein hochwertiges Futter. Jetzt kann die Behandlung gegen Parasiten erfolgen, da keine Eier gelegt werden.	Puter sind manchmal mit einem Alter von 2-3 Jahren so groß und schwer, daß sie beim Liebesakt die Hennen verletzen können. Es emfiehlt sich, so schwere Puter jetzt zu schlachten. Puter sind mit 10-11 Monaten geschlechtsreif.	Zuchttiere können jetzt gut verkauft werden. Voraussetzung dafür ist die Beringung des BDRG und das Wissen um das Geschlecht. Enten haben einen Penis!	Wer die Gänse auf der Obstwiese hält, sollte morgens die heruntergefallenen Äpfel einsammeln, sonst tun es die Gänse. Sie fressen auch gern Kerngehäuse, Apfelschalen und Zwetschgen mit Würmern.

	Hühner	Puten	Enten	Gänse
Oktober	Die erstgeschlüpften Hähne können geschlachtet werden. Sorgfältiger auf die Zusammensetzung des Futters achten, da die Qualität des Auslaufes nachläßt.	Für die Zusammenstellung eines neuen Zuchtstammes ist zu berücksichtigen, daß ein Hahn ca. 7 Hennen begatten kann. Stall säubern!	Falls ein Zuchtstamm neu zusammengestellt werden soll, ist der Herbst eine günstige Zeit. Auch die Enten benötigen eine Zeit, um sich in der Schar zu arrangieren.	Wer einen neuen Ganter anschaffen möchte, sollte das jetzt tun. Gänse benötigen einen relativ langen Zeitraum, um sich aneinander zu gewöhnen.
November	Jetzt kann mit der Verfütterung von Mais und Gerste begonnen werden. Brennesseln und Grünmehl im Weichfutter bewähren sich. Sonnenblumenkerne u. a. ölhaltige Sämereien sind für die noch mausernden Hennen sehr gut. Weichfutter mit warmer Flüssigkeit anrühren.	Jetzt können noch Eicheln gesammelt werden. Die Puten fressen sie gern.	Die Fütterung der Zuchtenten muß sorgsam zusammengestellt werden. Sie dürfen nicht zuviel Fett ansetzen. Enten, die geschlachtet werden sollen, dürfen soviel fressen, wie sie mögen. Die Bewegung sollte ihnen nicht genommen werden!	Gänse erhalten jetzt Futter- oder Zuckerrüben, die auf einem Nagel aufgespießt werden. Das Weidenfutter bringt nicht mehr viel, es muß zugefüttert werden. Weihnachtsgänse dürfen soviel fressen, wie sie wollen. Zuchtgänse sollten nicht soviel Fett ansetzen.
Dezember	Aufgehängte Kohlköpfe, auf Nägel gespießte Rüben, Rote Bete sind ein Ausgleich für fehlendes Grünfutter im Auslauf. 10 % Keimgetreide füttern! Die Junghähne sollten geschlachtet werden.	Puten gelten als wetterhart, können zu jeder Jahreszeit ins Freie. Obwohl sie gute Futtersucherinnen sind, muß die Futterration etwas erhöht werden. Gerste und Mais haben sich bewährt.	Bei hohem Schnee sollte hin und wieder nach den Enten gesehen werden, damit sie nicht irgendwo im Schnee stecken bleiben. Bei noch kleinen Enten muß darauf geachtet werden, daß sie nicht zu zu starkem Frost ausgesetzt sind.	Zu Weihnachten werden wohl die meisten Junggänse, soweit sie nicht zur Zucht bestimmt sind, geschlachtet. Zuchtgänse müssen morgens Weichfutter und abends ein Körnergemisch erhalten.

Einige Tips und Hinweise zum täglichen Umgang mit Geflügel

○ Kranke Küken, die kurzfristig isoliert werden müssen, können mit einem großen alten Wollsocken gewärmt werden. Da sie es gewöhnt sind, unter der Glucke Schutz und Geborgenheit zu suchen, werden sie sogleich aufhören zu piepsen, wenn sie in den alten Socken gekrochen sind.

○ Das Gänsefutter sollte etwa 4 Wochen vor Legebeginn (etwa ab Weihnachten/Sylvester) eiweißreicher und gehaltvoller an Vitaminen, Mineralstoffen und Kalk sein. Die Verfütterung von Keimhafer ist sehr zu empfehlen.

○ Damit das Trinkwasser im Winter nicht so schnell gefriert, kann die Tränke auf heiße Ziegelsteine gestellt werden. Für das Aufheizen bietet sich die Backröhre des Holzküchenherdes an.

○ Die wöchentliche Gabe von zermustem Knoblauch, Knoblauchabkochungen, zermusten Möhren oder Zwiebeln über das Futter schützt gegen Wurmbefall.

○ Erhalten Hühner das erste Mal in ihrem Leben Mais, kann es sein, daß sie zunächst nichts fressen wollen. Dann sollten sie ein wenig hungern und der Mais zunächst zerkleinert angeboten werden. Haben sie es einmal probiert, nehmen sie ihn immer wieder gern auf.

○ Buttermilchgaben erhöhen die Widerstandskraft gegenüber Kokzidiose im Kükenalter. Buttermilch hat eine positve Wirkung auf die Darmflora.

○ Kleine verzweigte Holzlattengestelle erfreuen Hühner und Jungtiere, da sie sich dort tagsüber gern mal ausruhen. Alte abgebrochene Äste und Astverzweigungen sind für Küken zu diesem Zweck sehr gut geeignet.

○ Haben Hühnerküken kahle Köpfe, so liegt der Verdacht nahe, daß sie von Federlingen befallen sind, die meist von der Glucke übertragen werden. Die Glucke soll mit einem Insektizid (z. B. Alugan) behandelt werden, bei den Küken kann ein Tropfen Speiseöl auf die betreffenden Stellen (Kopf, unter den Flügeln und in der Kloakengegend) verrieben Abhilfe schaffen. Hilft auch einmal wöchentlich eingerieben vorbeugend gegen den Befall mit Federlingen.

○ Das Fleisch freilebender Hennen und Hähne hat unterschiedliche Farben. Brustfleisch ist hell, Schenkelfleisch dagegen dunkler, was durch den unterschiedlichen Gehalt von Myoglobin verursacht ist. Myoglobin stellt den Sauerstoff für die Muskeltätigkeit zur Verfügung. Infolge der ständigen Inanspruchnahme, der Bewegung der Schenkel wird durch den ständigen Sauerstoffverbrauch mehr Myoglobin in den Schenkeln als im Flügel oder der Brust sein, das Fleisch ist somit eben dunkler.

○ Müssen Küken ein Medikament bekommen (z. B. gegen Wurmbefall), geht das am besten mit einer Plastikeinmalspritze direkt in den Schnabel. Tabletten müssen vorher zerstampft und mit Wasser vermengt werden.

Ute Rhein

○ Wer im Juli oder August, manchmal auch noch im September Hühnerglucken hat, wird diese mit einem Trick vom Brüten ablenken, da die Küken in einer für sie sehr ungünstigen Jahreszeit schlüpfen würden. Früher hatte man allerlei entsetzliche Möglichkeiten und Tips für diesen Fall parat. Manche tauchten die Glucken ins kalte Wasser, andere hingen sie in Gitterkäfigen in die Luft. Auch das Zusammensperren mit feurigen Hähnen wurde empfohlen. Nachdem ich lange Zeit die Entwöhnung brütiger Hennen abgelehnt habe, eine Brut im September aber einfach nicht mehr als artgerecht gelten kann, die Küken in ihrer Entwicklung auch stark zurückbleiben werden, habe ich die besten Erfahrungen damit gemacht, die Glucke 3 Tage bis 1 Woche in die Hühnergruppe meiner Nachbarin zu bringen. Die Umstellung und Eingewöhnung in der fremden Umgebung ließ sie anscheinend das Brüten schnell vergessen. Kommt sie nach 1 Woche in ihren altbekannten Stall und Auslauf zurück, hat sie ihre Artgenossen und die gewohnte Umgebung noch nicht vergessen.

○ Hühner können sich mindestens 3 Wochen lang an ihren alten Stall erinnern und werden auch noch nach 3wöchiger Trennung von ihren Artgenossen wiedererkannt. So braucht die Hackordnung nicht neu erkämpft werden.

○ Manchmal legen Hühner Eier ohne Schale. Die Ursache kann eine schwerwiegende Erkrankung der eibildenden Organe oder auch einfach nur Kalkmangel sein.

○ Um das Alter der Tiere auch noch nach ein paar Jahren zu bestimmen, bietet sich die Beringung mit einfachen Zelluloidringen im Jugendalter an. Diese Ringe gibt es in manchen der ländlichen Kaufhäuser oder im Zoofachhandel. Wenn jedes Jahr eine andere Farbe gewählt wird, kann das Alter schnell bestimmt werden.

○ Geflügel hat geringe Schmerzempfindungen auf der Haut. So werden kleine Eingriffe, z. B. ein Kropfschnitt bei Kropfverstopfung, ohne Betäubung gemacht. Unbefiederte Teile des Kopfes (Kamm, Kehllappen) hingegen sind wesentlich empfindlicher.

○ Für jeden Geflügelhalter ist es wichtig, die Gesundheit der Tiere regelmäßig zu kontrollieren. Das geht am besten, wenn abends alle im Stall sind. Tiere mit Atemgeräuschen bei Schnupfen oder mit eingeschrumpften Kämmen als Zeichen für Krankheit (nicht Mauser) können so leichter erkannt, isoliert und behandelt werden.

○ Puten können innerhalb von ca. 4 Tagen zur Brütigkeit gebracht werden (Zwangsbrut). Das ist nur dann möglich, wenn sie selbst noch nicht legen, also bis Ende Februar. Sobald die Kehllappen röten und der Hahn zu treten beginnt, ist es dafür zu spät. Dazu werden sie, nachdem sie gut gefressen, getrunken und sich entleert haben, in eine Brutkiste, einen Brutkorb gesetzt, der mit ausreichend Nestmaterial und angewärmten Gipseiern ausgelegt ist. Der Korb muß eine Höhe haben, die es der Pute nicht gestattet, zu stehen, doch so groß sein, daß sie bequem sitzen kann. Mit einem Brett, das mit Steinen beschwert ist, läßt sich die Höhe gut beschränken. 2 Tage soll die Pute ungestört sitzen und wird am 3. Tag vom Nest genommen, um zu fressen, zu trinken, sich zu entleeren und dann nach ca. 20 Minuten wieder auf ihr Nest gesetzt. Nach 4 Tagen oder etwas später will sie das Nest von selbst nicht mehr verlassen und die richtigen Bruteier können untergelegt werden. Sie brütet auch zuverlässig artfremde Eier aus.

○ Die Bezeichnung 1,4 oder 0,2 usw. in Anzeigen der Geflügelfachpresse sagt etwas über die Anzahl der angebotenen Tiere und ihr Geschlecht aus. Mit der Zahl vor dem Komma werden die männlichen Tiere, die Zahl hinter dem Komma die Zahl der weiblichen Tiere bezeichnet: 1,3 = 1 männliches, 3 weibliche Tiere; 0,1 = 1 Weibchen; 1,0 = 1 Männchen; 1,1 = 1 Paar usw.

○ Wer Tiere aus fremden Zuchtbetrieben oder von fremden Züchtern kauft, soll die Tiere möglichst erst ca. 14 Tage in Quarantäne halten, um nicht durch eine mögliche Erkrankung neuerworbener Tiere den eigenen Bestand zu gefährden.

○ Rassegeflügel muß — falls es zur Zucht verkauft werden soll — mit Ringen des BDGR beringt werden. Diese Metallringe gibt es in verschiedenen Größen. Sie können nur im Jugendalter aufgezogen werden.

Anhang: Wichtige und nützliche Adressen

Folgende Verbände können Auskunft geben über den Verkauf von Rassegeflügel

Landesverbände

Baden	Vorsitzender: Hermann Rösch, 7523 Graben-Neudorf, Moltkestr. 16
Bayern	Vorsitzender: Walter Schlegel, 8260 Mühldorf, Rohrbachstr. 5
Berlin	Vorsitzender: Reinhard Morch, 1000 Berlin 28, Weidmannslusterdamm 155
Hamburg	Vorsitzender: Herbert Bondas, 2000 Hamburg 53, Hanfstieg 49
Niedersachsen	Vorsitzender: Kurt Becker, Spanbeck, 3406 Bovenden 1, Petergasse 13
Hess.-Nassau	Vorsitzender: Edwin Vef, 6200 Wiesbaden, Niedernhausener Str. 106
Rheinland	Vorsitzender: Bernd Altmann, 5657 Haan 1, Konrad-Adenauer-Str. 26
Rheinl.-Pfalz	Vorsitzender: Walter Lehmann, 6780 Pirmasens, Burgstr. 111
Kurhessen	Vorsitzender: Anton Müller, 3550 Marburg, Spiegelslustweg 9
Saar	Vorsitzender: Herbert Blatt, 6690 St. Wendel-Winterbach, Zum Domweiher 4
Schlesw.-Holst.	Vorsitzender: Armin Eggers, 2350 Neumünster 3, Planchstr. 13
Weser-Ems	Vorsitzender: Hans Amelsberg, 2950 Leer, Heisfelder Str. 134
Westf.-Lippe	Vorsitzender: Heinz Schneider, 5860 Iserlohn, Laventiestr. 11a
Württemb.-Hohenz.	Vorsitzender: Paul Doll, 7107 Bad Wimpfen, Mathildenbadstr. 6

Zuchtbetriebe

Betriebe, die brütende und führende Tiere mit und ohne Küken verkaufen und per Bahnexpress versenden (Über die Art und Weise, wie die Tiere dort gehalten werden, kann ich nichts aussagen. Es handelt sich um Adressen aus Anzeigen aus der Zeitschrift *Deutscher Kleintierzüchter* vom Frühjahr 1984.).

— Hagenbrock, Helleforthstr. 209, 4815 Schloß Holte (Glucke für 20,- bis 25,- DM)

— Landwirt Brunnert, Postfach 1109, 4834 Harswinkel (Glucke mit 20 Küken für 32,- DM, 10 Gössel mit führender Brutgans für 95,- DM, 12 Flugenten mit führender Ente für 62,- DM)

— L. Linnenkamp, Rassegeflügelzucht, 4835 Rietberg 2, Tel. 05 244 / 56 10 (Glucken, auch Zwergglucken für ca. 20,- DM, auch verschiedene Rassehühner)

— Josef Wittenborg, Postfach 2047, Wiesenstr. 91, 4837 Verl 2, Tel. 05 246 / 24 71 (Vermehrungszuchtbetrieb: Glucke mit 25 Küken bis 8 Tage alt 50,- DM, mit 25 Hennenküken 80,- DM, Schnell- und Bronzeputen: 6 Wochen 8,50 DM, 10-12 Wochen 12,- DM, Gössel: 1 Woche 6,50 DM, 4 Wochen 8,50 DM, 8 Wochen 12,50 DM)

Anschriften von Instituten für Geflügelkrankheiten und von Tierschutzämtern in verschiedenen Gebieten der BRD

Berlin

— Institut für Geflügelkrankheiten der Freien Universität, Koserstr. 21, 1000 Berlin 33, Tel. 030/8 38 38 61
— Landesveterinärgesundheitsamt Berlin, Wilskistr. 55, 1000 Berlin 37, Tel. 030/8 13 10 51

Bremen

— Staatliches Veterinäruntersuchungsamt, Utbremer Str. 67, 2800 Bremen, Tel. 04 21/38 92 81 06
— Staatliches Veterinäramt, Bremerhafen-F, Halle X, Abt. 1-2, 2850 Bremerhaven, Tel. 04 71/7 20 41

Baden-Württemberg

— Staatliches Tierärztliches Untersuchungsamt, Azenbergerstr. 16, 7000 Stuttgart, Tel. 07 11/20 50-1
— Tierhygienisches Institut Freiburg-Lehen, Elsässer Str. 116, 7800 Freiburg, Tel. 07 61/3 60 93-96
— Staatliches Tierärztliches Untersuchungsamt, Löwenbreitestr. 20, 7960 Aulendorf, Tel. 0 75 25/70 55
— Staatliches Tierärztliches Untersuchungsamt, Czernyring 22b, 6900 Heidelberg, Tel. 0 62 21/2 36 02

Bayern

— Tiergesundheitsdienst Bayern e. V., Post Poing, Senator-Gerauer-Str. 23, 8011 Grub, Tel. 0 89/9 03 10 41
— Landesuntersuchungsamt für das Gesundheitswesen Nordbayern, Veterinäruntersuchungsanstalt, Flurstr. 20, 8500 Nürnberg, Tel. 09 11/33 02 51
— Landesuntersuchungsamt für das Gesundheitswesen Südbayern, Landesamt für Tierseuchenbekämpfung, Veterinärstr. 2, 8042 Oberschleißheim, Tel. 0 89/3 15 16 26
— Institut für Krankheiten des Haus- und Wildgeflügels der Universität München, Mittenheimer Str. 54, 8042 Oberschleißheim, Tel. 0 89/3 15 40 29
— Tiergesundheitsdienst Bayern e. V., Geschäftsstelle Oberpfalz-Süd, Von-der-Tann-Str. 13, 8400 Regensburg, Tel. 09 41/5 47 46

Niedersachsen

— Staatliches Veterinär-Untersuchungsamt, Dresdenstr. 6, 3300 Braunschweig, Tel. 05 31/69 24 32
— Institut für Geflügelkrankheiten der Tierärztlichen Hochschule Hannover, Bünteweg 17, 3000 Hannover, Tel. 05 11/8 56-7 63
— Tierärztliches Institut der Universität, Gronauer Landstr. 2, 3400 Göttingen, Tel. 05 51/39 33 80
— Tiergesundheitsamt der Landwirtschaftskammer Weser-Ems, Mars-La-Tour-Str. 1, 2900 Oldenburg i. O., Tel. 04 41/22 51
— Haus der Landwirtschaft, Neuer Graben 19/21, 4500 Osnabrück, Tel. 05 41/2 77 81
— Haus der Landwirtschaft, Am Pferdemarkt 1, 2960 Aurich, Tel. 0 49 41/25 82
— Haus der Landwirtschaft, August-Prieshof-Str. 1, 4470 Meppen, Tel. 0 59 31/70 14
— Staatliches Veterinär-Untersuchungsamt, Heckenweg 6, 2160 Stade, Tel. 0 41 41/21 90

Hamburg

— Veterinär-Untersuchungsamt, Lagerstr. 36, 2000 Hamburg 6, Tel. 04 11/43 16 32 44

Hessen

— Institut für Geflügelkrankheiten der Justus-Liebig-Universität, Frankfurter Str. 87, 6300 Gießen, Tel. 06 41/70 21, App. 22 63
— Staatliches Veterinär-Untersuchungsamt, Deutschordenstr. 48, 6000 Frankfurt, Tel. 0 69/67 50 01
— Staatliches Veterinär-Untersuchungsamt, Druseltalstr. 61, 3500 Kassel, Tel. 05 61/-3 60 61

Nordrhein-Westfalen

— Staatliches Veterinär-Untersuchungsamt, Zur Taubeneiche 10/12, 5770 Arnsberg, Tel. 0 29 31/18 05
— Institut für Anatomie und Physiologie der Haustiere der Universität Bonn, Forschungsstation für Geflügelkrankheiten, Katzenburgweg 7-9, 5300 Bonn, Tel. 02 00 21/73 28 04
— Staatliches Veterinär-Untersuchungsamt, Deutscher Ring 100, 4150 Krefeld, Tel. 0 21 51/7 00 26
— Staatliches Veterinär-Untersuchungsamt, Berliner Allee 1, 4930 Detmold, Tel. 0 52 31/2 68 54
— Tiergesundheitsamt der Landwirtschaftskammer Westfalen-Lippe, Von-Esmarch-Str. 12, 4400 Münster, Tel. 02 51/59 91

Rheinland-Pfalz

— Landes-Veterinär-Untersuchungsamt für Rheinland-Pfalz, Blücherstr. 34, 5400 Koblenz, Tel. 02 61/4 30 01 32

Saarland

— Staatliches Veterinär-Untersuchungsamt, Hellwigstr. 8-10, 6600 Saarbrücken, Tel. 06 81/60 41

Schleswig-Holstein

— Institut für Tiergesundheit der Landwirtschaftskammer Schleswig-Holstein, Gutenbergstr. 77, 2300 Kiel, Tel. 04 31/1 87 40
— Veterinär-Untersuchungsamt des Landes Schleswig-Holstein, Max-Eyth-Str., 2350 Neumünster, Tel. 0 43 21/50 17

BDRG-Ringverteilungsstellen (ab 1983)

Hier können Ringe für Rassegeflügel bestellt werden

Baden	Gerhard Waibel, Schulstr. 10, 6922 Meckesheim
Bayern	Irmgard Hauenstein, Eibacher-Hauptstr. 92, 8500 Nürnberg
Berlin	Gertrud Müller, Böhmische Str. 44, 1000 Berlin 44
Bremen	Erwin Geilke, Treuburgerstr. 3, 2820 Bremen 71
Hamburg	Jürgen Kahn, Krummer Weg 30, 2000 Norderstedt 3
Hannover	Ernst Frantzius, Holländerei 17, Koldingen, 3017 Pattensen 1
Hessen-Nassau	Brigitte Helm, Feldbergstr. 10, 6090 Rüsselsheim
Kurhessen	Walter Hartung, Bahnhofstr. 6, 3587 Borken
Rheinland	Horst Krämer, Christhauserstr. 75, 5630 Remscheid 11
Rheinland-Pfalz	Werner Schmitt, Max-Reger-Str. 3, 6712 Bobenheim-Roxheim 1
Saarland	Herbert Corio, Kieselstr. 6, 6602 Dudweiler
Schlesw.-Holst.	Rolf Lemm, Wasbekerstr. 193, 2350 Neumünster
Weser-Ems	Kurt Bringewatt, Bremerstr. 56, 4500 Osnabrück
Westfalen	Ewald Stratmann, Niebelungen Weg 35, 4250 Bottrop
Württ.-Hohenz.	Willi Kurz, Poststr. 37, 7056 Weinstadt

Literaturliste

(Die mit ● gekennzeichnete Literatur ist z. Zt. im Buchhandel erhältlich)

Baeumer, E.: *Das dumme Huhn*, Stuttgart 1964

Baeumer, E.: *Lebensart des Huhnes. 3. Teil — über seine Laute und allgemeine Ergänzungen*, in: *Zeitschrift für Tierpsychologie* 19/1962, S. 349 ff

Besenbeck, A.: *Beteiligung eines Hahnes am Legegeschäft der Henne*, in: Koehler, O./Lorenz, K. (Hrsg.): *Zeitschrift für Tierpsychologie*, Bd. 7, 1950, S. 287 ff

Brunner, E./Fölsch, D. W.: *Die Wirtschaftlichkeit der bäuerlichen Auslaufhaltung von Hühnern. Eine Untersuchung bei 100 Hühnerhaltungen in der Nordost-Schweiz.* Basel, Stuttgart , 1977

Bungartz, J.: *Nutzhühner*, 7. neu bearb. Aufl., Berlin, 1921

Collignon, P.: *Die Nutzgeflügelzucht*, 8. Aufl., Berlin-Lichterfelde, Stuttgart, 1954

Comberg, E.: *Praktische Hühnerhaltung*, Berlin, Hamburg, 1950

Engelmann, C.: *Beiträge zum Gedächtnis des Huhns*, in: Koehler, O./Lorenz, K. (Hrsg.): *Zeitschrift für Tierpsychologie*, Bd. 8, 1951, S. 121ff

Engelmann, C.: *So leben Hühner, Tauben, Gänse*, 3. Aufl., Rostock, 1964

Engelmann, C.: *Verhalten des Geflügels*, in: Porzig, E.(Hrsg.): *Das Verhalten landwirtschaftlicher Nutztiere*, Berlin, 1969

Fangauf, R.: *Geflügelhaltung*, 3. Aufl., Stuttgart, 1947

● Fölsch, D.W./Vestergaard, K.: *Das Verhalten von Hühnern*, Basel, 1981

Hammond, J./Johansson, J./Haring, F.: *Handbuch der Tierzüchtung*, Bd. 3, Hamburg, Berlin, 1961

Hein, L.: *Unser Haushuhn*, 1. Aufl. 1954, 2. Aufl., Wittenberg-Lutherstadt, 1961

● Hilbrich, P.: *Krankheiten des Geflügels*, Villingen-Schwenningen, 3. Aufl., 1978

Huperz, T.: *Geflügelzucht*, 4. Aufl., Neudamm, 1921

Juhre, F.: *Du und Dein Huhn*, 3. Aufl., Berlin, 1949

Kühnemann, H.: *Artgerechte Hühnerhaltung im Hausgarten*, Sonderdruck aus „*Lebendige Erde*", Heft 3/1983, erhältlich beim *Forschungsring für Biologisch-Dynamische Wirtschaftsweise*, Baumschulenweg 11, 6100 Darmstadt

Kupsch, W.: Das Gänsebuch, Stuttgart, Berlin, 5. Aufl., 1952

Mehner, A.: *Lehrbuch der Geflügelzucht*, Hamburg, Berlin, 1962

● Mehner, A.: *Das Buch vom Huhn*, Stuttgart, 1968

Marks, H./Krebs, W.: *Unser Rassegeflügel*, 2. Aufl., Berlin, 1968

● Lorenz, K.: *Das Jahr der Graugans*, München, 1978

Riedel, P./Vogt, H.: *Das Putenbuch*, 2. Aufl., Berlin-Lichterfelde, Stuttgart, 1953

● Rockstroh, M.: *Geflügelkrankheiten*, Minden, 1980

Römer, R. R.: *Das Was und Wie beim Federvieh*, 2. Aufl., Berlin, Stuttgart, 1959

Salzwedel, H.: *Der Geflügelpraktiker*, Berlin 1930

Schjelderup-Ebbe, T.: *Beiträge zur Sozialpsychologie des Haushuhn*, in: *Zeitschrift für Psychologie* 88/1922, S. 225

Schjelderup-Ebbe, T.: *Gallus domesticus in seinem täglichen Leben*, Diss., Greifswald, 1921
- Scholtyssek, S./Doll, P. (Hrsg.): *Nutz- und Ziergeflügel*, Stuttgart, 1978
- Sperl, T.: *Hühnerzucht für Jedermann, Reutlingen, o. J.*
- Woith, W./Ziebertz, W.: *Der große Geflügelstandard in Farben*, Reutlingen, o. J., 2. Aufl.

Zimmer, D. E.: *Hühner — Tiere oder Eiweißmaschinen?*, Reinbek 1983

Zeitschriften:
Geflügelbörse, erscheint 2 x monatlich Jürgens KG, Industriestr. 5, 8034 Germering
Deutscher Kleintierzüchter, Ausgabe Geflügel, erscheint 2 x monatlich, Verlag Oertel + Spörer Postfach 35, 7410 Reutlingen

INDEX

Über die Autorin

Ute Rhein, geboren 1950, war zunächst in der Kinderkrankenpflege tätig. Danach Studium der Erziehungswissenschaft und Arbeit als Diplompädagogin in der Weiterbildung für Krankenhauspflegepersonal.

Vor vielen Jahren schon zog sie auf einen alten Bauernhof nach Mehrum/Peine. Sie lebt heute in Groß Ottenhaus (Celle).

Ihr besonderes Interesse gilt dem Federvieh, dem auf den großen Wiesen in ihrer niedersächsischen Heimat ein naturnaher Lebensraum geboten werden kann. Die vielen Ratschläge und Tips freundlicher Nachbarn und Züchter waren ihr beim Erwerb eigener Erfahrungen eine große Hilfe. Zusätzliche Kenntnisse gewann sie durch das Studium vornehmlich alter Geflügelbücher.

„Trotz aller damit verbundenen Arbeit und Mühe möchte ich auf den Umgang mit den Tieren nicht verzichten."

Andere Bücher aus dem pala-verlag

Permakultur

Permakultur, entstanden aus *permanent* und *agriculture*, vereint die Erfahrungen traditionellen Landbaus mit anderen Erkenntnissen, um der Energieverschwendung und der persönlichen Abhängigkeit der Menschen von Fremdbestimmung Einhalt zu gebieten. Für die Entwicklung dieser Idee erhielt Bill Mollison im Jahr 1981 den ,,alternativen Nobelpreis". Der erste Band **Permakultur 1** beschreibt die Grundlagen einer ,,bewirtschafteten Ökologie" und enthält Pflanzen- und Tierlisten, die den Aufbau einer Permakultur ermöglichen. **Permakultur 2** (176 S., 19,80 DM) zeigt praktische Beispiele und gibt weitere Ratschläge für die Umsetzung von permakulturellen Gedanken in die Wirklichkeit. Es ist wirklich keine Utopie, nach dem Grundsatz zu leben — ,,You are a Guest of nature — behave."

Dann ein Sprung aus der ,,australischen" Permakultur nach Japan. Masanobu Fukuoka hat schon vor Jahren mit naturnahen Anbau von Getreide und Gemüse begonnen. Nach einer Karriere als Mikrobiologe sah er ein, daß die moderne Landwirtschaft ein gefährlicher Irrweg ist, der uns allen mehr schadet als nutzt. In **Der große Weg hat kein Tor — Nahrung, Anbau, Leben** (160 S., 17,80 DM) erzählt er, wie er zu seinem ,,Nichts-Tun-Anbau" gekommen ist und welche Erfahrungen er machte. Der große Weg — Zen auch im Garten.

Und in den USA hat Ruth Stout 50 Jahre lang mit **Mulch — Gärtnern ohne Arbeit** probiert (137 S., 19,80 DM). Sie braucht keinen Kunstdünger, keine Pestizide, aber auch keinen Komposthaufen und keine Grabgabel. Alles, was sie verwendet, ist *Mulch*. Und so konnte sie noch mit 90 ihren Garten versorgen.

Selbstversorgung

Viele Menschen leben in der Stadt — wollen sich aber mit den Gegebenheiten dort nicht abfinden. Für sie ist **Selbstversorgung in der Stadt** (Helga und William Olkowski, 172 S., 19,80 DM) gedacht. Detailliert und genau beschreiben die Autoren, wie auch in der Stadt unter ungünstigen Bedingungen mit relativ wenig Fläche eine Selbstversorgung aus dem Stadt- und Hausgarten möglich ist.

Und wer dann ganz den Sprung aus dem Leben in der Stadt wagen will? **Träumen allein genügt nicht**heißt unser **Hand- und Fuß-Buch für ein Leben auf dem Lande** (Richard Langner, 285 S., 19,80 DM). Ein recht vollständiger Überblick über Chancen und Schwierigkeiten des Landlebens wird gegeben. Damit jeder sich *vor* dem Sprung vorbereiten und dann entscheiden kann.

Seinen Sprung auf's Land, zu einem anderen Leben, hat Gerhard Schönauer in **Ein Weg zum Leben im Grünen** beschrieben. 176 Seiten, Tb., mit harten Zahlen und Fakten — 9,80 DM. Er zeigt, daß „Landleben" kein Traum sein muß, daß aber harte Arbeit, Zielstrebigkeit und Klarheit über die eigenen Wertungen dazu gehört.

Die Nearings

Durch *Living a Good Life* sind wir „Verleger" geworden. Das Buch hatte uns gut gefallen und da es niemand anders wollte, verlegten wir es einfach selbst. **Ein gutes Leben leben**(176 S., 17,80 DM) beschreibt die ersten 20 Jahre auf der Wald-Farm der Nearings in Vermont. In der Krise der 30er Jahre gingen sie dorthin — um selbstbestimmt leben zu können.

Ein gutes Leben 2 (19,80 DM, 144 S.) ist die Fortsetzung. Nach 20 Jahren holte die Zivilisation sie ein — Scott war fast 70, Helen 50. Die beiden beschlossen, am Meer noch einmal von vorne anzufangen. Beide Bücher umspannen 50 Jahre Landleben.

Apropos umspannen — rechtzeitig zu seinem 100. Geburtstag am 6.8.1983, kurz vor seinem Tode, erschien die Autobiografie von Scott Nearing auf Deutsch (**Ein Leben gegen den Strom**, 225 S., 29,80 DM). Das Jahrhundert, in dem sich die USA von der Pioniernation zur Supermacht entwickelte — aus der Sicht eines prominenten amerikanischen Linken.

Ernährung

Wir essen jeden Tag — essen wir jeden Tag das Richtige? Auch wer sich für Naturkost entschieden hat, hat Schwierigkeiten, einen Überblick über das Angebot der Naturkostläden zu bekommen. Deshalb schrieb Rolf Goetz von der *Urwoge* **Naturkost — ein praktischer Warenführer** (Tb., 192 S., 9,80 DM). Ein Reisebegleiter ins Land der Naturkost.

Doch reicht es aus, sich die Lebensmittel im Naturkostladen zu kaufen, ansonsten aber so weiter zu essen wie bisher? Nur die Zutaten der Gerichte durch biologisch angebaute zu ersetzen? **Rohkost — gesunde Köstlichkeiten** (233 S., 19,80 DM) zeigt, daß es gesünder ist, in die Ernährung mehr Rohkost aufzunehmen — und dabei besser schmeckt.

Dann stellt sich noch die Frage, was man (als Gartenbesitzer) mit den Überschüssen des Herbstes anstellt oder wie der Nicht-Gärtner für die kalte Jahreszeit vorsorgt. **Konservierung — natürlich und gesund** (Schorndorfer/Schöning, 128 S., 14,80 DM) gibt Antworten.

Und da ist auch noch das **Öko-Kochbuch**, nicht nur ein Rezeptbuch, sondern ein echtes *Kochbuch*. Mit Informationen über Nährstoffe, Zubereitungsarten und andere interessante Dinge. Natürlich kommen auch die Rezepte nicht zu kurz. 176 Seiten, großes Format, schöne Zeichnungen, 24,80 DM.

Gesundheit

Gesundheit fängt im Alltag an von Donald B. Ardell (144 Seiten, 19,80 DM) handelt nicht, wie die meisten ,,Gesundheitsbücher", von Krankheit und ihrer Behandlung, sondern von dem, was man tun oder unterlassen sollte, um gesund zu bleiben. Jeder Mensch ist für seine Gesundheit verantwortlich — dafür, ob er mit 40 körperlich 10 Jahre älter ist — oder 5 Jahre jünger.

Und wo wird sehr viel über Gesundheit oder Krankheit entschieden? Schon bei der Geburt. Deshalb haben wir **Hausgeburten** von Vero Wolf herausgegeben — 23 Berichte über Geburten, die sehr schön die *Gefühle* schildern, die werdende Eltern bei der Geburt empfinden. 176 Seiten, 24,80 DM.

Alle Bücher sind im Buchhandel oder direkt beim pala-verlag, schloßgraben 21, 6117 schaafheim, erhältlich

Kennen Sie schon unsere Zeitschrift BioGarten?

BioGarten berichtet über alles, was in und um den naturnahen Garten interessant ist — Anbaumethoden, Boden und Bodenbearbeitung, Schädlinge-Nützlinge, Pflanzen, Ernährung und vieles Praktische mehr, aber auch über Zusammenhänge zwischen dem Garten und der Umgebung — ökologische Probleme, wissenschaftliche Forschungen, interessante Personen ...

BioGarten hat 68 Seiten, ein für den Gartenfreund handliches Format (kleiner als A 4) und ein farbiges Cover, einen Kleinanzeigenteil und eine Kinderseite, erscheint zweimonatlich, kostet 3,80 DM und kann auch abonniert werden (Jahresabo 20 DM für 6 Hefte). Jedes Heft hat ein Hauptthema mit mehreren Artikeln über den Garten, Bauanleitungen oder Berichte über Werkzeuge, auch was über den Haushalt und die Ernährung. Dazu noch ein oder zwei „theoretische" Artikel und die Arbeitsblätter, auf denen wichtige Informationen übersichtlich (und zum Sammeln) dargestellt werden. Natürlich gibt es auch „Vermischtes" — Termine, Produkte, Leserbriefe, Almanach, Rezensionen, Tips und Tricks ...